カリブの楽園

キューバで恋する

—サルサとラム酒とカーニバル—

樋口　聡《あきら》

JN262847

祥伝社黄金文庫

「キューバへ」改題

編集協力　㈱編集館

まえがき

毎年のように、またある時期は一年に何度もキューバを訪れている。数カ月にわたってだらだらと滞在したこともあれば、クルーズ船で立ち寄って一日だけ滞在したこともある。もう回数を数えたりしていない。

この国は、よくぞ行くたびにこうも変わるものだと感心する。始めたり止めたり、そしてまた始めたりという回数が頻繁《ひんぱん》でスピードが急なのだ。いちいちびっくりしたり動揺したりしていても始まらない。まあそのうち、なるようになっておさまるべきところにおさまるさ。今ではキューバの人々と同じように、僕もそう思えるようになってきた。

本書は、旅行者としてキューバの二〇世紀最後の一〇年に同伴した僕の印象記であり、一九九六年に批評社より刊行した『キューバへ―カリブ楽園共和国探訪記』の文庫版である。今ひもとくと、旅行作家としても海外事情ウォッチャーとしても未熟で、赤面を禁じ得ない。黄金文庫のラインナップに加えていただくにあたって、基本的な事実の部分で誤っている箇所についてはは若干《じゃっかん》の加筆訂正を行った。だが現状に合わせて全面的に書き直しても意味がない。現代キューバの諸相をその時点で切り取ってスクラップブックに貼りつけたもの、そんな風に思って頂ければ良いと思う。

本書が世に出たときにも思ったことだが、その国に三日滞在すれば記事が一本書け、一カ月滞在すれば本が書ける。だが一年滞在すると何も書けなくなってしまうという。だから、キューバのことを書き続けている僕はまだ何も知らず、何もわかってはいないのだ。知っている、わかっているという思いがいかに乱暴で思いあがっているか、ということが身に染む程度には、僕もキューバ、そしていくつかの国々を旅してきたつもりだ。

そういう意味では、事実と異なっていることを承知のうえで訂正しなかった箇所も多い。見たままや聞いたままをそのまま書いた部分もある。その辺は旅のロマンとして、あるいはキューバ的ファンタジーとしてそっとしておきたかったのである。キューバの年代記とともに、僕自身の年代記でも読まされたと思って、読者のみなさんには諦《あきら》めてもらうしかない。

ワールドミュージックがブームになり、キューバのバンドが日本の地を踏んだり、日本の観光客がキューバのホールで踊ったりということが珍しくなくなっても、まだまだキューバは遠い国だ。そんなキューバについて書いた文章で一冊の文庫本を作るという、無謀な考えに手を差しのべて下さった祥伝社黄金文庫編集部にはとても感謝している。

本当にありがとう。

この本を書いた僕は、新たな読者との出会いを楽しみたいと思う。この本を手にとって下さったみなさんは、この熱い国へのバーチャルトリップを、少しの間楽しんで頂けたらと思う。

では、良い旅を。

二〇〇一年アジアの春

樋《ひ》口《ぐち》聡《あきら》

もくじ

まえがき　3

キューバへの道
The Way to CUBA
遥《はる》かなるハバナ。三つの飛行機を乗り継ぎ、
一泊二日をかけて、国際郵便配達人は行く　14

ハバナ散歩とキューバ力《りょく》
Habana Walker
この街を歩いていると力がみなぎってくる気がする、
そう感じはじめたらそれはもうキューバに憑《つ》かれるという病《やまい》である　22

特別な期間
Periodo Especial
一九九四年、僕はキューバのメーデーを見るために、
ハバナに降り立った　31

差別
Racism
キューバの、世界で一番人種差別のない国
というキャッチフレーズは真実か　43

アメ車
American vehicle
ここはアメリカ合衆国の「裏庭」にあってアメリカ合衆国最大の敵。
しかし道路にはアメ車があふれている　50

CONTENTS

昏迷《こんめい》の楽園
Paraiso
アメ車にカジノにアバンチュール。革命前のキューバは
アメリカ人にとっては日本にとっての東南アジアと同じ位置にあった
55

ドル
Dollar
国の通貨、ペソで買えるものは何もなく、
ドル・ショップにはモノがあふれていた
58

七対一の神話
Naijo no Ko
カリブ式恋愛は男性のワンサイドで始まる。
男一人に対し、七人の女がいるというのだが
62

酔眼のボニータ
Bonita
サトウキビ文化はラム酒文化。
誰しもラム酒さえあれば意外に満足している
66

ラム酒とダンスとカーニバル
Rum, Dance and Carnival
明日の成果よりもきょうの悦楽。キューバが
僕の性分に合うのはこういう人々のおかげだ
72

ホセ・マルティ
Jose Marti
キューバ革命の使徒。日本では知られていないが
ラテンアメリカでは超有名人
77

旧市街
Habana Vieja
僕は大好きだがハバナ旧市街の居住環境は
なかなかハードコアである
86

グワグワ
Going by bus
グワグワ＝路線バスを完全に乗りこなせる者は
ハバナ市民ですら一人もいない
92

自転車
Bicycle
大小二台のカメラをブラさげて、旧市街を自転車で走る。
僕のその姿は街のキューバ人に決まって大笑いされる
99

闇屋
Black Market
ハバナの旧市街で友達呼ばわりされても振り返ってはいけない。
そこには満面に笑みを湛《たた》えた魅力的闇屋がこっちをじっと見つめている
104

新ラテンアメリカ映画祭
Cine Cubano
メキシコ、ブラジル、アルゼンチン、これらラテンアメリカの
映画大国に風穴を開けるユニークな映画産出国、キューバ
108

カーニバル
Carnaval
キューバ人は江戸っ子のようだ。カーニバルが近づくといてもたっても
いられなくなる。観衆の前で踊ること、それは一世一代《いっせいちだい》の晴れ舞台でもある
113

CONTENTS

ラム酒
Ron
お洒落なスピリッツとして世界中で愛飲されているバカルディ・ラムも、もとはといえばキューバの国民的飲料である
118

バラデロ・ビーチ
Varadelo
キューバ随一のビーチ・リゾート。ドル箱観光地にはキューバ人不要？
127

キャバレー・トロピカーナ
Cabalet Tropicana
主に男性観光客を圧倒する舞台は、一流の舞台監督に
一流のダンサーが作る豪華絢爛《けんらん》なスペクタクル
132

娼婦
Prostitute
ここでは食べていくために売春する女はいない。しかしディスコの前ではきょうも熾烈《しれつ》な疑似恋愛が繰り広げられる
138

マレコン通り
Malecon
僕にマレコン通りのことを〝男娼通り〟と教えたのは誰だ？
145

成人式
Adults Day
洋の東西を問わず、大人のヤルことをまねするのは
大人になる前と相場が決まっている
152

トイレ事情
The Toilet
便座のないトイレに慣れてくると、今度は逆に
便座のついた便器が不合理な存在に思えてくる
158

停電
Interrupcion
停電中のひとときは、まさに特別な期間。
しかし、皆それにも慣れてしまった
164

美容院
Peluqueria
頭の先からつま先まで、キューバ人は身だしなみに凝《こ》りに凝る。
美と粋《いき》は、ライフスタイルのいの一番なのだ
170

ホテル
Hotel
二一世紀には、キューバはカリブ海地域の
ホテル大国になっている。しかも安宿なし
176

土曜日
Sabado
様式化されているともいえるキューバ人の生活スタイル。
とくれば土曜日にすることは決まっている
184

彼と彼女の大晦日《おおみそか》
Fin de año
キューバにバレンタインデーはない。だからホワイトデーもない。
クリスマスもない。あるのは大晦日だけだ
190

CONTENTS

列車旅行
Tren Especial
いつの時代も貧乏旅行の醍醐味《だいごみ》といえば列車の移動。
人々の鼓動を感じ、息吹に触れる。そして車内の温度にシビレル
195

ラス・ツナス
Las Tunas
東部の田舎街といってもあなどってはいけない。州都は州都。
開発の波が静かに、そして確かな足取りで押し寄せてきた
204

CDR－革命防衛委員会
CDR
名称はものものしいが、公民館で椅子を並べて、
おばちゃんたちが井戸端会議をやっているといった雰囲気である
212

サンティアゴ・デ・クーバ
Santiago de Cuba
キューバの奥。この国の第二の都市は、
意外とのどかな地方都市であった
219

売り子になる教授
Profesora
外貨と国の通貨。ふたつの通貨に格差があれば、
人々は外貨の世界への脱出を望みはじめる
228

ピノス島
Isla de la juventud
松島やああ松島や松島や。
これはこの島に暮らした多くの日本人の心情だろう
233

グアンタナモ
Guantanamo
キューバの奥のもっと奥は、ハイチからの玄関口。
そしてアメリカ帝国主義も玄関口を構えていた 242

日本料理店出店計画
Japanese Restaurant
ビールにラム、連日の深酒で、国の料理が恋しくなる人もいる。
ハバナには世界中の料理があるが、日本料理はない 255

日本人の子供
Cuban Japanese
在キューバ日本人一世の人口は三〇人余。しかしキューバの日本人社会には、
遠い日本に帰ってしまったお父さんのことを思いつづける二世も多い 259

なぜキューバに行くのですか
Why do you go to Cuba?
ガイドブックのない国に行こう。そう思って初めてキューバの
地を踏んだ僕が、今、キューバのガイドブックを作っている 264

終章
Fin
転がる石のように生々流転《るてん》を繰り返す、開放経済のもとでのキューバの現状。
キューバへ行き、感じ、真実を獲得せよ！ 271

ハバナ、変化の中で―あとがきにかえて 275

キューバ旅行ガイド●キューバに行く方法／お金／ホテル／ことば／キューバ観光モデルコース／おみやげ 277

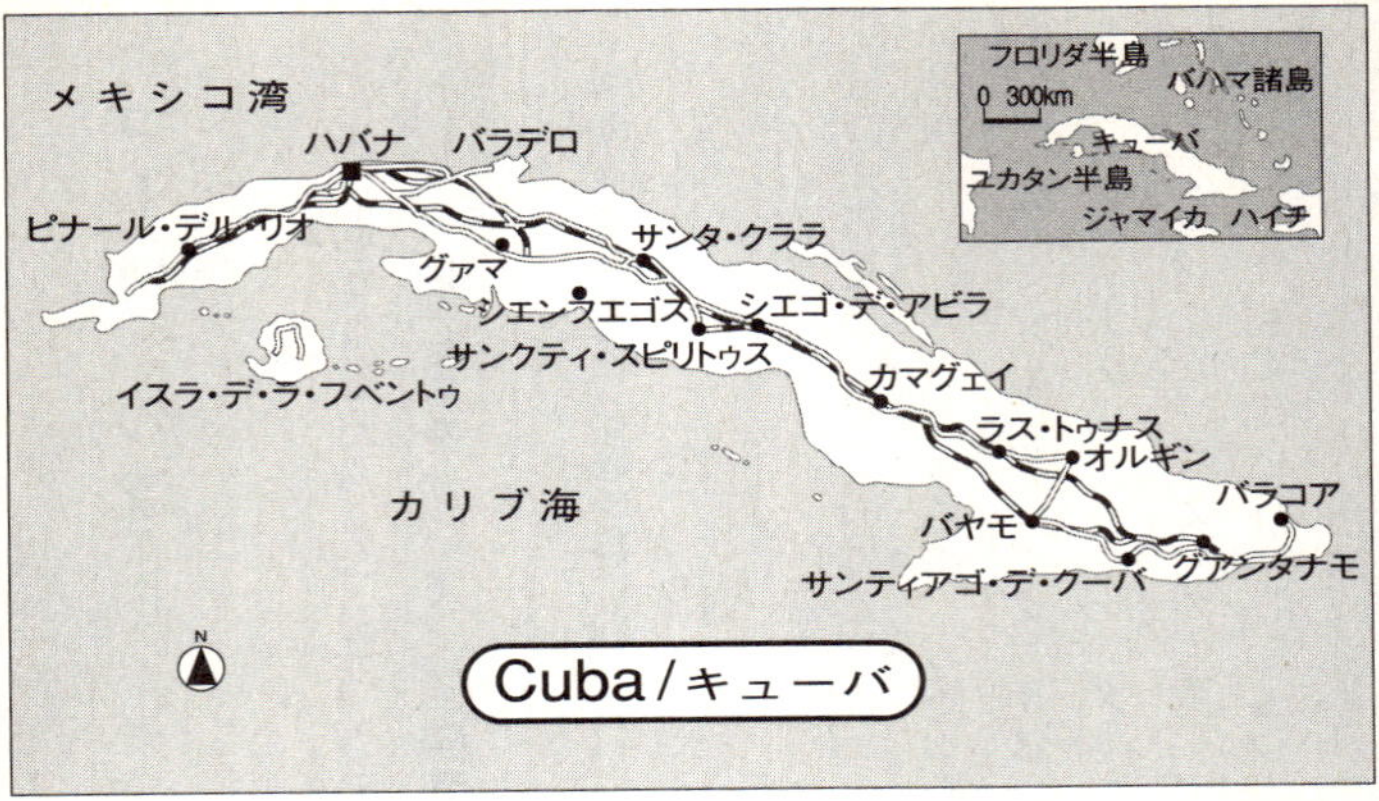
メキシコ湾
フロリダ半島
バハマ諸島
0 300km
キューバ
ユカタン半島
ジャマイカ
ハイチ
ハバナ
バラデロ
ピナール・デル・リオ
グァマ
サンタ・クララ
シエンフエゴス
シエゴ・デ・アビラ
サンクティ・スピリトゥス
イスラ・デ・ラ・フベントゥ
カマグェイ
ラス・トゥナス
オルギン
カリブ海
バヤモ
バラコア
サンティアゴ・デ・クーバ
グァンタナモ
N
Cuba / キューバ

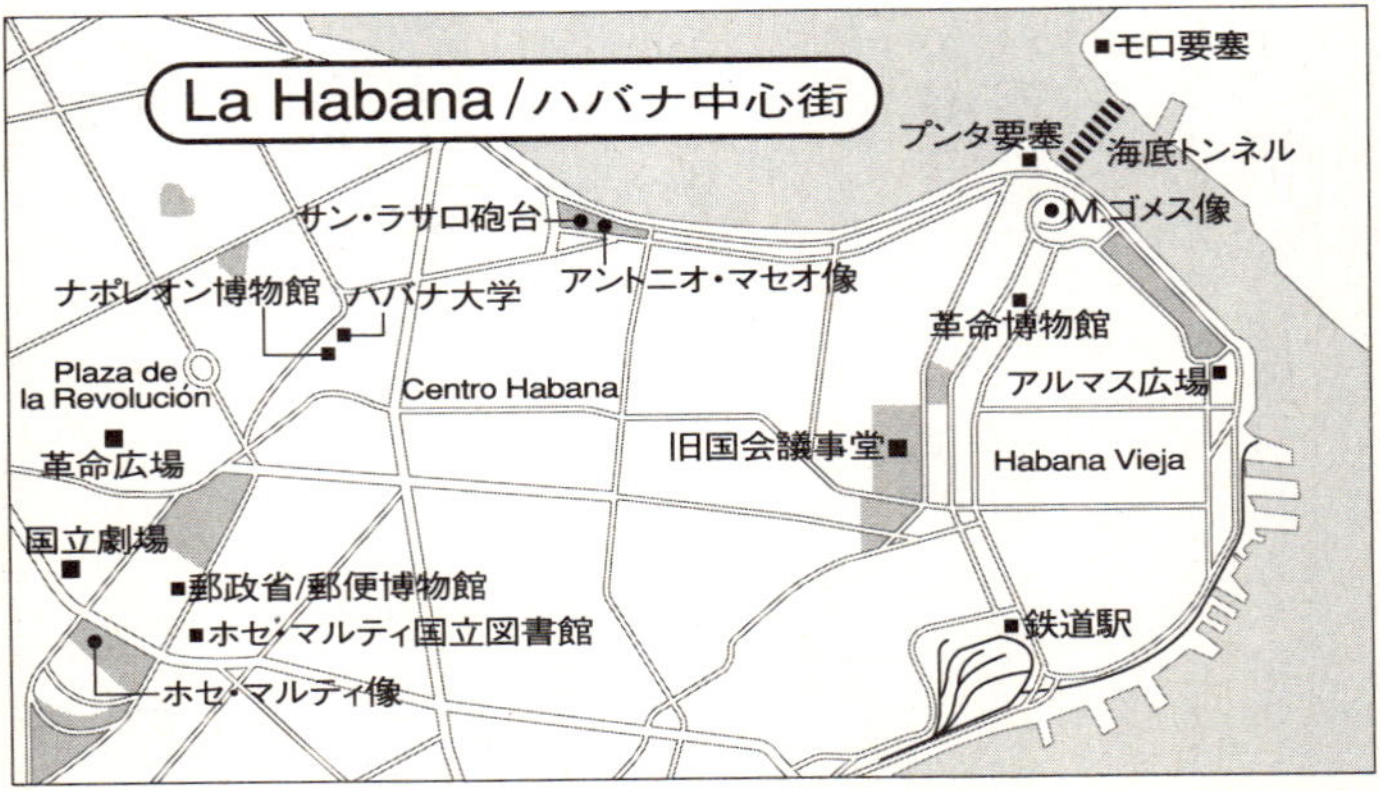
La Habana / ハバナ中心街
モロ要塞
プンタ要塞
海底トンネル
M.ゴメス像
サン・ラサロ砲台
アントニオ・マセオ像
ナポレオン博物館
ハバナ大学
革命博物館
Plaza de
la Revolución
Centro Habana
アルマス広場
旧国会議事堂
Habana Vieja
革命広場
国立劇場
郵政省/郵便博物館
ホセ・マルティ国立図書館
鉄道駅
ホセ・マルティ像

キューバへの道

The Way to CUBA

遥《はる》かなるハバナ。三つの飛行機を乗り継ぎ、一泊二日をかけて、国際郵便配達人は行く

キューバを訪れることは黙っていた方がいい。

でないと向こうに恋人を持つ日本の大勢の女たちから、山ほどの手紙をことづかってしまうからだ。

手紙だけならいい。石けん、ポロシャツ、デイパック、タイヤのチューブと修理セットに空気入れ、現金、扇風機、写真、日本酒、お銚子にお猪口《ちょこ》、醤油《しょうゆ》、焼酎《しょうちゅう》、泡盛《あわもり》、本と雑誌、ファックスにファックス用紙、サロンパス、抗生物質、CDプレーヤー、ウォークマン、カセットテープ、カレンダーなどをことづかってしまうからだ。

僕の荷物はただでさえいつも重くて大きい。手紙だけならいいんですけど……。

そもそも日本で貧しい生活を送っている僕は、経由地で物価の安いメキシコ・シティ、

ロスアンゼルス（日本よりはもちろん、キューバのドル・ショップよりも物価は安い）などで生活必需品や衣類、食品などを購入し、それからキューバに入るというスタイルをとるので、大きくて重い荷物が、旅の途中で更に大きく重くなっていくのだ。

女たちが、困るくらいたくさんの荷物を僕に頼むのは、キューバの郵便事情が悪いせいだ。普通の郵便なら、日本で投函してからキューバ人の手元に届くまで、早くても三週間、たいていは一カ月、遅いと半年ぐらいかかる。

ハバナの旧市街だと永遠に届かない場合もある。

さらにキューバの経済事情が深刻だからだ。石けんや衣類といったものも、昨今ではなかなか手に入りにくいのだ。

キューバに恋人をもつ女たちのあいだでは、巷《ちまた》のキューバ渡航情報が飛び交っている。誰がいつキューバに飛ぶかは、在日キューバ大使館ではもちろん教えてくれないが、なぜか女たちはつかんでいる。彼女たちのネットワークは網の目のように張りめぐらされているのだ。

キューバへ、フロム葛飾《かつしか》

キューバへの移動の醍醐味《だいごみ》は、徐々に高まっていく僕自身の気持ちと次第に変化していく環境を感じることだ。

一般的にはキューバへは、日本（成田《なりた》）から北米西海岸へ飛び、そこからまたメキシコ・シティに飛び、そこで一泊した後、キューバの首都ハバナを目指すという移動の方法になる。

西海岸といっても航空会社によってカナダのバンクーバー、アメリカ合衆国のサンフランシスコ、ロスアンゼルスの三都市がある。むろん成田からひとっ飛びでハバナに行く便はない。成田からメキシコ・シティまでひとっ飛びで行く便もない。

メキシコ・シティ（あえて最初に断っておくなら、メキシコ・シティは英名であって、もちろんメキシコ人はスペイン語でシウダー・デ・メヒコ、あるいは単にメヒコと呼ぶ。本書では一般的に通りの良いメキシコ・シティという呼称を用いているが、うしろめたさをはらんだ言葉であることを告白しなければならない。しかしアメリカ合衆国のことをアメリカとは僕は決して呼ばない。アメリカとは北米・中南米をふくむ地域のことであってカナダを除く北米の一般的な呼称たりえない）に行きも帰りも一泊しなければならないのは、メキシコ・シティに夕方到着するのに、メキシコ・シティからハバナへの便は午前中に出てしまうからだ。

北米西海岸からメキシコ・シティを目指す機内では、決まって抱えきれないほどの手荷物を持ち込むメキシコ人家族、商用で中米を訪れるアメリカ人ビジネスマン、アメリカ合衆国の中西部から初めてのメキシコ観光に出る家族連れ、無表情なCIA要員（？）など多彩な乗客が勢ぞろいして和《なご》める。

要するに世界中どこでも目にする「日本人だらけの機内」という状況ではないことに安心する。

飛行機の小さな窓から覗《のぞ》くと、眼下にはカリフォルニアの、人っ子ひとりいない、車一台通らない無味乾燥な砂漠が見てとれる。ロスアンゼルスを過ぎてメキシコ・シティに着くまで、その景色は変わらない。月面のような北米と中米のボーダーは何かしら感傷的ですらある。そんな僕の気持ちはそっちのけで、機内ではメキシコ人の子供たちが走り回っている。

メキシコでは前述したような事情で、たいていの場合、一泊のトランジットであり、観光したりする余裕はあまりない。

シティではラテンアメリカ・タワー（標高の関係で、世界一のノッポビルということになっているらしいキワモノ観光スポット）に近いホテル・トレドに泊まる。床は傾いていて、壁はシミだらけ、シャワーは水だ。かといってシティの安宿のなかでも特に安いわけではない。シティには一四ドルも出せば、お湯のシャワーにカラーＴＶ、階下にはレストランがあるような宿がいくらでもある。

しかしホテル・トレドのロビーには四〇年も前のキューバ東部のオリエンテ州の風景写真が掲げられている。経営者がキューバ人なのだ。東京―ロスアンゼルス（一一時間）、ロスアンゼルス―メキシコ・シティ（四時間）、シティで一二時間以上を過ごし、シティ―ハバナはユカタン半島のメリダ経由で三時間三〇分。このようにして、最低でも三〇時間をかけて、時差ボケにさいなまれつつ、僕は東京・葛飾のアパートからキューバを目指すのである。結局のところカリブは遠い。空間的にも遠いが、時間的な遠さは、旅行者を疲れさせるに十分である。

しかしながら、この西海岸―メキシコ・シティ線は僕の心に安息をもたらす。まず乗客

ハバナ市街を一望。カリブ海地域でもっともインフラ整備の整《ととの》った近代都市

にほとんど日本人がいない。メキシコ人が多い。客室の匂いからして成田―西海岸線とは趣《おもむき》を異にする。スパイシーである。環境は変化し、僕の気持ちは徐々に高ぶって、日本に残してきた仕事やしがらみや悔い、そういった一切がっさいが断ち切られ、思考はキューバに向かう。僕はこの西海岸―メキシコ・シティ線の数時間がとても好きだ。

そういうわけで僕は、キューバへはいつも黙って発《た》つことにしているのである。

ハバナはおおむね旧市街と新市街に分けられ、
旧市街はセントロ（中央）とビエハ（古い町）からなる。
観光地のビエハと違って、セントロは住宅地だ

ハバナ散歩とキューバ力《りょく》

Habana Walker

この街を歩いていると力がみなぎってくる気がする、そう感じはじめたらそれはもうキューバに憑《つ》かれるという病《やまい》である。

メキシコ・シティを発ったときは肌寒いほどだったが、眼下に広がるキューバの赤土の大地は陽光を吸収してまばゆいばかりだった。

ハバナのホセ・マルティ国際空港にキューバ航空機が着陸すると、乗客のほとんどがメキシコ人である機内は拍手に包まれた。喝采《かっさい》を叫んでいる者もいる。この光景は別に、メキシコ・シティー—ハバナ間のこの路線特有のものではなく、ラテンアメリカではごく一般的に見受けられる機内風景である。離陸といっては神に祈り、着陸といっては神に感謝、そこにラティーノの属性である陽気さとオーバーアクションが加わり、機内は南の島にたどり着いた解放感も手伝ってお祭り気分だった。タラップに立つと、カリブ特有の強風に乗って高温多湿の空気が顔を撫《な》でた。

空港ビルディングは、キューバの使徒、ホセ・マルティの名を冠している割にはちっぽけで、国際空港というにはのんびりとしすぎている。構内放送のスペイン語はいかにも悠長な喋り方だし、女性の清掃員が動かすモップのスピードもとてもゆっくりだ。

早く早く、前へ前へと急《せ》き立てられるような日本の生活から、僕は徐々に解き放たれていくような気持ちにひたっていた。成田空港からハバナまで、北米西海岸とメキシコ・シティを経て、すでにずいぶんと長く飛行機に乗ってきた。出発時刻の関係でメキシコ・シティには一泊しなければならない。キューバは足早には訪れることができないのだ。日本－キューバの距離は地理的に遠く、時間的にはさらに遠いのだった。

九割が日本人乗客で占められていた成田－北米西海岸とはうってかわって、メキシコ・シティを目指す機内ですでに日本人は僕だけになっていた。孤独と高揚のないまぜになった独特の緊張が心地よい。ハバナは僕を、日本的なものだけでなく、日々洪水のように僕たちを飲み込むアメリカ合衆国的なものすべてからも自由にしてくれるのである。

キューバに来たのだという気持ちが昂《たかぶ》ってくる。僕はハバナの第一歩を歩き出した。

空港のゲートを一歩出ると、そこは里帰りの家族を迎える一家、抱き合う恋人たち、ツーリストタクシーや白タクの客引き、その他大勢でごった返している。

空港の正面には、数十台のポンコツのアメリカ車が横たわっていた。一九五九年の革命に対して米国が突きつけた断交は、こんな形でキューバの風景にスパイスを効かせている。キューバ人は革命前に輸入されたアメリカ車を、ていねいにていねいに、二〇世紀末のこんにちまで乗り継いでいるのである。街はまるで古い車の博物館のようだった。一九五六年型シボレーなどという車が、いまだに現役で走り、タクシーにすら用いられている。日本では博物館でしか見られないような四〇年代のクラシックカーを目にすることも珍しくはない。

郊外にある空港からハバナ市街までは、タクシーで三〇~四〇分ほどかかる。この道すがら、僕たちはキューバの〝いま〟を目にすることになる。自転車の洪水、革命的スローガン、ゲバラ、ホセ・マルティ、カミーロ・シエンフエゴスら歴史上の英雄の肖像、バス代わりのトラック……。だが、日本やアメリカ合衆国のマスコミが繰り返し流すネガティブな光景、国民は疲弊してこの国はダウン寸前であるかのように描き出される要素はここでは見えてこない。人々は底抜けに明るく、元気である。現状はバラ色とはいえないが、この人たちは人生を楽しんでいる。それがタクシーの窓から通りを眺めているだけで伝わってくるのだ。ひとことでいうと、「濃い」のである。

ハバナ市街にさしかかったところに、革命広場がある。巨大な革命記念塔がそびえ、思索するホセ・マルティの座像が置かれている。マルティはひとりキューバのみならず、ラテンアメリカ全体に多大な影響を与えた人物である。僕はラテンアメリカの旅の途上、パナマでマルティの記念碑を見、ウルグアイの書店でマルティの著作が並んでいるのを見た。

広場の正面が内務省の建物である。壁にはチェ・ゲバラの巨大な肖像が掲げられている。内務省の建物は旧工業省であり、工業省の総裁がゲバラだったことに由来する。ボリビアでのゲリラ活動中に殺害されたゲバラの遺体が、三一年ぶりにキューバに戻ったときは盛大な葬儀が催されたと聞く。そして今、革命広場をはさんでマルティとチェが対面している。

郊外から市街へ、そして住宅街から中高層ビルの並ぶ新市街へ、さらに一九世紀の街並をもつ旧市街へと僕は運ばれていく。それはハバナの膨張と発展を遡《さかのぼ》ってゆく歴史散歩である。旧市街は、世界中でも類を見ないほどフォトジェニックな街だ。この街を訪れる観光客は、誰もが写真家気どりで夢中でシャッターを切ることになるだろう。その旧市街でも、ハバナ・ビエハ（ビエハはスペイン語で古いという意味）と呼ばれる地域はディープハバナとでもいうべき一種典型的な街並が続く。前世紀に築かれたため道幅は狭く、その狭い道を多くの人々がごちゃごちゃと行きかい、補修工事もままならないため傷み放題に傷んでいる。そこに降り立つと、その古めかしさと匂い立つ生活臭、ざわめく生活音、そして降り注ぐ灼熱の太陽などが一度にまとわりついて、旅行者は誰しも、めまいにも似た覚醒を覚えるのである。

ソ連邦の解体とコメコン経済圏の消滅という激震を、キューバは観光立国と経済の開放という改革で乗り切ろうとしている。ババマやジャマイカがリゾートとして国際観光資本に開発されつくした時代にも、キューバの美しい風土は封印されたままだった。五〇〇年前にこの地に到達したコロンブスが「地球上でもっとも美しい風景」と絶賛したカリブ最後の楽園は九〇年代に入って開封され、いままさに開花しようとしているのである。

旧市街は現在、建設ラッシュだ。外資の参入による大規模な再開発で、ホテルやショッピングゾーンが誕生している。半年もハバナを留守にすると、そこここに知らないホテルが誕生している。このままだと、二一世紀の初めにはカリブ地域のホテルの約半数がキューバに集中する計算になるという。

その反面、観光客を狙《ねら》う犯罪や売春など、治安の悪化が問題となるのが観光立国の法則である。ほんの数年前までは、経済危機の最中でさえ、首都ハバナでも凶悪犯罪など聞いたことがなかったたし、深夜でも女性のひとり歩きが可能だった。政府は昨今の治安の悪化を、強権的な取り締まりという荒療治で解決を図ったばかりだが、今後も観光客の増加と犯罪の取り締まりといういたちごっこが当分は続くと思われる。

旧市街で僕が部屋をとったのは、いつものように若い自由旅行者の集まる小さなホテルだ。旧市街のメインストリートにも近く、文豪ヘミングウェイゆかりのバー〝フロリディータ〟や〝ボデギータ・デル・メディオ〟、そして彼の常宿だったホテル・アンボスムンドスにも歩いていける。僕は旧市街の狭い道を縦横に歩き回るのが大好きである。混雑と混沌《こんとん》。キューバにいることを実感する。

ストリートではあちこちから、「チーノ（中国人）」と声がかかる。彼らにとってアジア人とくればすべてチーノなのである。そこに蔑《さげす》む感覚は含まれていない。世界でいちばん人種差別のない国というのがキューバのキーワードでもある。それどころか著《いちじる》しい発展をとげた日本という国は尊敬と親しみの的でさえある。部屋に招かれてコーヒーをふるまわれ、その挙句、食事に招かれる経験をもつ日本人旅行者も少なくない。物資不足の折、乏《とぼ》しい食糧を旅行者にふるまうという行為には面喰らうが、そこがラティーノ（ラテンアメリカ人）であり、貯蓄や節約という姿勢にはやや欠ける。アミーゴ（友達）社会なのである。こうして知り合い、今でも交流が続いている友達を僕も大勢もっている。そして「キューバ力《りょく》」とでもいうべき、人生を楽しむ方法を学ばせてもらっているのである。

悦楽のため、そして友情のためなら持てるすべてを費《つい》やしても悔いない。キューバ人を読み解くもうひとつのキーワードは、明日の成果よりもきょうの悦楽、にほかならないのだ。

ヘミングウェイはキューバを愛し、人生の多くの時間をハバナで過ごした。朝五時に起きて午前中いっぱいタイプライターに向かうほかは、ニューヨークの編集者から逃れてハバナ湾の釣りを楽しんだり、プールで泳いだり、ハバナをうろついてバーをハシゴしたりした。旧市街のホテルに住み、次に郊外の農場付き邸宅を買った。この邸宅は現在、ヘミングウェイ博物館として公開されている。「老人と海」をはじめ多くの作品がハバナで生まれ、そして文豪の着想にインスピレーションを与えた。ボデギータでは国の酒〝モヒート〟を、そしてフロリディータでは砂糖抜きの〝ダイキリ・パパ〟を好んだという。そのどちらのカクテルも、サトウキビを原料とするスピリッツ、ラム酒をベースとしている。

今も昔もキューバ第一の産業といえばサトウキビである。旧市街の空気には、ラム酒の甘い香りが何%かは含まれているに違いない。

今もボデギータには彼の直筆が掲げられ、フロリディータでは一番奥のカウンターを彼の指定席としてリザーブし続けている。

旧市街は街全体がテーマパークのようだ。一九世紀の植民地時代の街並み、あふれる音楽、キューバ人特有のホスピタリティなどを求めて観光客が大勢、訪れている。ハバナ防衛のために築かれたフエルサ要塞、ホセ・マルティの生家、国の代表的作家アレホ・カルペンティエールの住居、タバコ博物館、アフリカの家……。キューバの文化と歴史を物語る建築物や施設がこれほど詰まった空間もまたとない。旧市街、中でも〝ディープハバナ〟を形成する一角は決して広いとはいえないが、もっともキューバらしさを体現したエリアといえるだろう。

この街の夕暮れどきが、僕はいちばん好きだ。街灯に照らし出されて、昼間とはまた違った陰影に富む街の表情が浮かび上がる。この時刻になると観光客はホテルに戻り、今度はドレスアップしてディナーやキャバレー・トロピカーナのショーに出かけていくのが、洗練されたリゾートの楽しみ方であるらしい。ハバナでは、観光客は休んでいる暇はない。

キューバはこの先どこへ行くのか、それはキューバ人自身が決めるほかない。しかしどのような紆《う》余《よ》曲《きょく》折《せつ》を経たところで、持ち前の「キューバ力」だけは、永遠になくなることはなさそうだ。

特別な期間

Periodo Especial

一九九四年、僕はキューバのメーデーを見るために、ハバナに降り立った

一九九四年五月のキューバではテレビドラマの「おしん」が大人気だった。一九八〇年代にNHKで制作され一世を風靡《ふうび》した、女性の一代記である。

現地で知り合ったキューバ人で「おしん」を話題にしなかった人は一人もいなかった。「おしん」を見てみんなが泣くといい、実際その通りだったのは驚きだった。金曜の夜一〇時半になると、ストリートには文字通り人っ子ひとりいなくなり、各家庭から大音響のテレビ音声だけが響いているといった具合だ。おしん役の田中裕子《たなかゆうこ》の美しさも人々にウケたようだ。

以前は通りすがりに、僕を日本人と見るや空手の型をまねしたり、「ショーグン」（キューバでも放映された島田陽子《しまだようこ》主演の米国映画。サムライ映画である）などと声をかけてい

く人々がいたが、老若男女《ろうにゃくなんにょ》を問わず今では決まって「おしん!」である。ちなみにスペイン語では「チョグン」「おちん」とナマる。

ハバナへ

四月のハバナ。日中は日本の真夏のように暑いが、日が暮れると肌寒いほどになる。キューバは基本的には常夏《とこなつ》だが、四季に応じて寒暑にメリハリがあり、ちゃんと一二月には上着が必要な気温になる。僕にとっては前年の七月以来五度目の訪問だが、この季節に訪れるのは初めてだ。

キューバでは七月二六日のモンカダ兵営襲撃記念日やメーデーなど、政治的なセレモニーに合わせて政府の重要な発表があるのが普通で、政府の発表はカストロ国家評議会議長自身の長大な演説にのせて行われるのが常だ。今回の僕のキューバ訪問も、五月一日のメーデー中央集会でカストロ議長の姿をカメラに収め、市民の日常生活をウォッチするのが目的だった。

ソ連製冷蔵庫の中味はアボカド、水、そして少しの肉

「特別な期間」

僕が初めてキューバを訪れたのは、ソ連邦消滅前の一九九一年八月。ゴルバチョフ政権のペレストロイカの下で、すでにキューバに対する援助は漸減していた。駐留ソ連軍の撤退が決定され、カストロはゴルバチョフを「裏切り者」と呼んだと伝えられている。

ソ連邦消滅後のキューバの窮状は、縷々《るる》伝えられる通りで長雨やサイクロンによる農作物の被害も窮状に拍車をかけた。米国による経済封鎖は、キューバ革命が社会主義的傾向を帯びる前から続いているが、依然止む気配がない。一九九二年には「キューバ民主主義法」（提案者の名前をとって「トリセリ法」とも呼ばれる）にブッシュ大統領がサインし、経済封鎖が一層強化された。

一九九三年七月にはそれまで禁止されていた市民のドル所持が解禁され、現在は、市民の一挙手一投足はドルに向かっている。旧市街では五歳や六歳の幼児でさえ、ドルを求めて観光客に群がっているのが、悲しいが現実である。国の通貨であるペソで買える物はほとんどなく、ドル・ショップには物があふれている。ドルとペソとの公定両替レートはほぼ一ドル＝一ペソだが、闇では一ドル＝一五〇ペソにまで格差がひらいている。市民の平均月収は二〇〇〜三〇〇ペソであるから、闇では二ドルの価値しかないことになる。月収二ドル、約二〇〇円である。

こう描くともはやボロボロといったキューバ社会だが、崩壊寸前と報じる西側ジャーナリズムの報道に対して僕は反発を禁じえない。僕はまだ、キューバの現状は困難な中で経済再建の道を模索していると認識しているつもりだ。

日本のマスコミにしても、一様にキューバの市民生活の貧しさを強調し、カストロ政権のかたくなさを嘆いてみせる、丸写し型ステレオタイプの報道が多すぎはしないか。もとよりキューバの市民生活をバラ色に描き出すつもりはない。しかし、観光客が利用したドル・ショップでの収益も、発達した社会保障や教育、医療の水準を維持するのに充《あ》てられ、国民全体の原資となるシステムが確立している。識字率はラテンアメリカで最高。乳児死亡率は米国のワシントン州よりも低い。必要最低限の物資や栄養は、配給で賄《まかな》われるシステムになっており、一カ月一五〜二〇ペソで何とかサバイバルしていくのが可能だということだ。こういった、国民全員が貧しさのなかでの平等を選ぶという国づくりが、あながち失敗ばかりだとも僕には思えないのだ。ペリオド・エスペシアル（「特別な期間」）と呼ばれる一連の状況は、政府の設定した四つの非常時の段階のうち、第三段階の水準に達していると指摘されている。そして危機の第四段階とは、すなわち経済の無政府状態を指している。それはまた革命政権の事実上の崩壊を意味しているのだが……。カストロ議長も国が困難な状況にあることを隠そうとしない。テレビや新聞では繰り返し、「特別な期間」を耐え抜こうとキャンペーンが行われている。小学生ですら、停電や行列を指して「特別な期間だからね」と笑って見せる。政府への皮肉や批判的な意見も、この国では自由だ。

観光立国をめざすキューバ

キューバは現在、観光立国の真っ最中だ。観光地ではリゾートホテルの建設ラッシュである。以前は寒冷地であるソ連・東欧圏の人々のリゾートとして、ごく限られた人々しか味わうことができなかったが、ソ連邦消滅の激震の中で本格的に観光開発が始動。今ではカナダやドイツを筆頭に、世界中から観光客が訪れている。開発されつくした隣国ジャマイカなどと異なり、五〇〇年前にコロンブスが訪れたときに「世界でもっとも美しい島」と呼んだキューバは、未開発の観光資源の宝庫である。

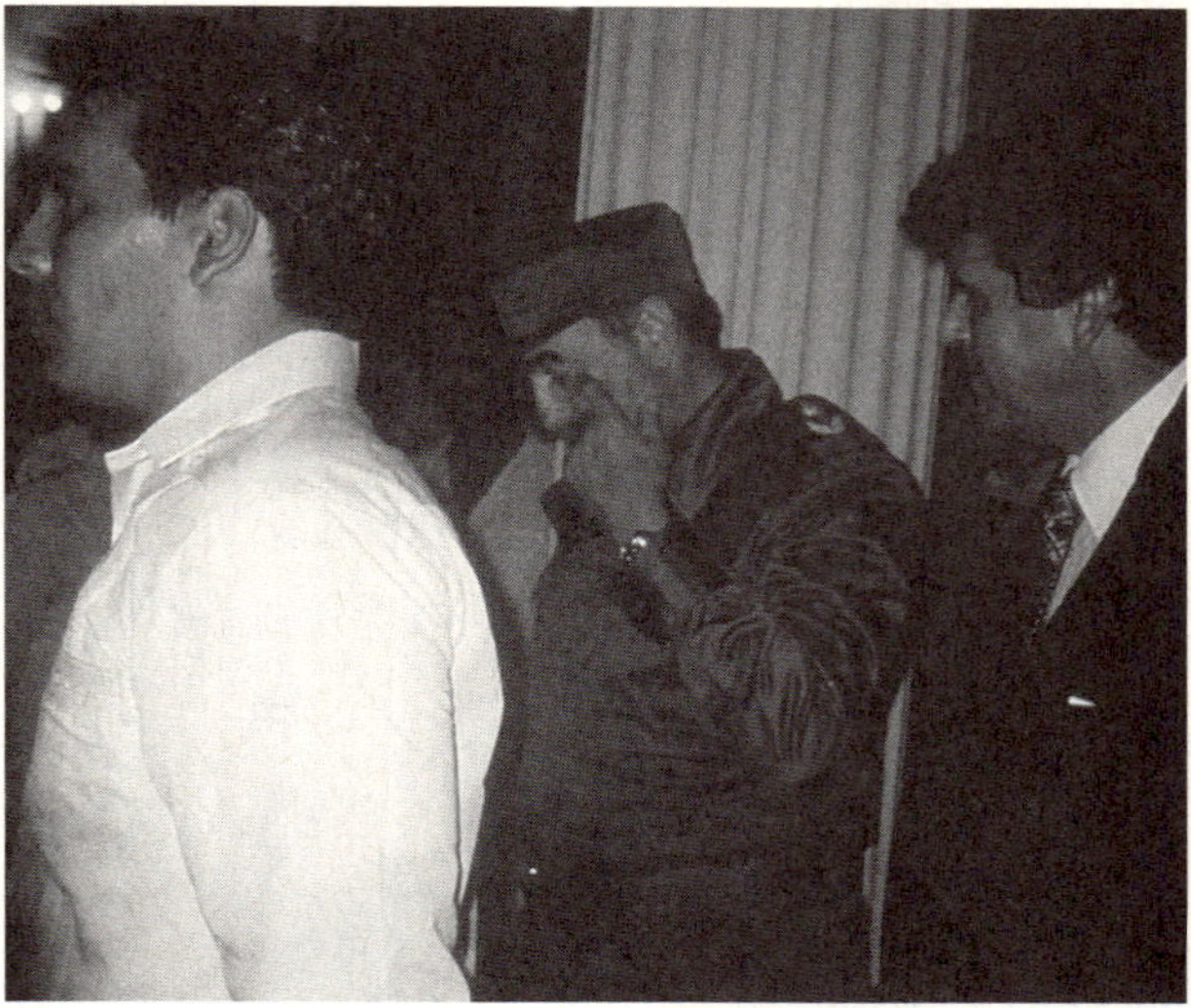

フィデル・カストロ。
神出鬼没を絵に描いたような人物で、なかなか会えない

観光収益は年間一〇〇万ドルずつ増え続け、一九九五年は三〇億ドルの観光収入を見込んでいる。今のところ日本からの観光客は年間二千人弱といわれている。ジャマイカを訪れる二万五千人と比べると、一〇分の一と破格に少ない。これは米国からジャマイカへは直行便があり、キューバへは封鎖のために直行便がないことによる。日本からキューバへの直行便も計画されているが、日本の航空会社では実現の可能性は薄い。日本が米国と同盟関係にあるためである。

キューバ人のエネルギー

キューバでは、数年前から政治的なセレモニーの中止や規模縮小が相次いでいる。一〇万人規模の大衆動員にはバスや列車などの輸送機関も必要となる。そのために割《さ》くガソリンがないのだという。一九九三年七月二六日の革命記念式典などの国家的な行事も、エネルギー不足を理由に大量動員は見送られた。そして今回、五月一日のメーデー式典も、中央集会は中止、市内の労働者を中心にデモ行進が行われただけだった。

昨年の革命記念式典に続いて、メーデーの中央集会も規模が縮小され、フィデル・カス

ハバナのアメリカ合衆国利益代表部前の看板。
「帝国主義者のみなさん。私たちはあなた方を怖れてはいません」

トロの姿を見ることはできなかった。五月一日にはカストロ議長は人民権力国民議会（国会）で演説を行っていたのだ。例によって長大な演説は、通貨改革に関するものだった。僕がハバナを発った翌二日には、新札の発行で自分たちの金が紙屑になるのではと早合点した市民が、配給所に長蛇の列を作っていた。配給所に何か買えるものがあるかどうかわからない。ダメでもともと、一応並んでみたのだろう。キューバ人の底知れぬエネルギーと陽気さは、永久に失われることがない。

メーデーのデモ行進を見て印象的だったのは、ここでもキューバらしさが随所に現れていることだった。エネルギー不足から自転車が市民の足となっているが、物資不足で盗難が激増しているため、市民は自転車に乗ったままデモに参加していた。駐輪しておくだけで盗まれる可能性があるからだ。デモは例によってキューバ人独特の、やる気があるのかないのかわからない、いつのまにか始まって、いつのまにか五月雨《さみだれ》的に終わっているデモだ。

カーニバル並みににぎやかなダンスを踊りながらデモを行った企業もあった。けたたましくパーカッションを叩きながら激しく踊り狂いつつ、五月の炎天下を行進するのである。踊りは抜群にうまい。踊っているグループにはやはりアフリカ系の市民が多く、踊り好きの男女が次々に加わって人数が膨らんでいく。彼らは別にプロのダンサーでも何でもなく、普通の企業の労働者が、デモのスタイルにダンスを取り入れたに過ぎない。彼らはデモの解散地点に着いても踊り足りなかったのか、裏通りに入って路上のダンス大会を続けていた。

ダンス・ダンス・ダンス

キューバは、ダンスが生活の中心になっている国のひとつだ。サルサやマンボ、ルンバなど、完成されたダンスのスタイルをもっているため、多くの国々からダンスを習いに人々が訪れる（日本からのダンス留学生も多い）。

どんなレストランでもバンド演奏が入り、客は興が乗ればすぐ踊りだし、ウェイターは踊りながら皿を運び、レストランの外で行列を作っている老若男女もサルサのリズムに合わせて膝を揺すっている。何しろダンスは生活の中心だから、人々は子供の頃から徹底的にダンスを仕込まれる、というよりはダンスを学ぶチャンスに圧倒的に恵まれる。手と足と腰がそれぞれ独立して回転する彼らの驚異的な踊りも、天性のものではない。肉体の動きは緻密《ちみつ》に計算されているのだ。

ダンスのテーマは千差万別だが、根源には恋愛やセックス、そしてアフリカの神々があるのは一目瞭然だ。当然、ルーツはアフリカに根ざしている。

キューバン・コミュニティ

四月下旬、キューバ政府は革命後初めて、亡命者のうちの穏健派の代表二五〇人を招待して国際会議を開催した。キューバの若い指導者のひとり、まだ三〇代の外務大臣、ロベルト・ロバイナは記者会見の席上で、亡命者の里帰りや投資などに対し、これまでに比べて破格の優遇措置をとることを発表した。これまで「うじ虫」「独裁者」と罵倒《ばとう》し合ってきた歴史からすると隔世《かくせい》の感がある。キューバから九〇マイルを隔てた米国フロリダのマイアミには、約一〇〇万人の亡命キューバ人が暮らし、独特なキューバン・コミュニティを形成している。歴代の市長も全員キューバ生まれのキューバ人だ。未《いま》だ混沌《こんとん》たる様相を呈しているキューバ情勢ではあるが、独立と主権を失わずに米国との対話の接点を持っていくことは歴史の必然といえるだろう。

差別

Racism

キューバの、世界で一番人種差別のない国というキャッチフレーズは真実か

キューバは世界でもっとも人種差別のない国だが、むろん絶無ではない。革命で人種差別は払拭《ふっしょく》されたがゼロではない。これは女性差別も同様だ。女性の社会進出は著《いちじる》しいが、キューバもラテンアメリカの一員であり、マチスモ（男性誇示）は社会の重要なバックボーンだ。男性優位主義と一体の女性蔑視は、社会に根強く残っている。

キューバ人の家庭では、たいていの場合、その家の一番年長の男はヘフェ（主）と呼ばれ、下にも置かぬあつかいを受けている。日本の大家族のおじいちゃんや長男のようなものだ。発言権も絶大である。

食事もヘフェから順に食べ始める。ヘフェと年長の男性から始まり、次第に女性、そして最後に子供たち……。キューバ人の子供への愛情、可愛がり方は世界でも類を見ない熱

烈さだが、食事の順序は別で、様式化されているとさえいえる。

男が先、女子供が後だ。これは農村部へいくほど徹底されている。

人種差別の撤廃

人種差別はこれほどあからさまではない。キューバ革命は社会から人種差別を払拭しようとした。革命前は黒人が立ち入ることを禁じられていた場所は無数にあったし、食事のとき黒人と白人が同じテーブルにつくことはありえなかった。

経済危機が深化しても体制が揺るがないのは、革命前の状態のひどさを、とりわけ黒人の革命世代が記憶しているからだという指摘もある。

キューバで奴隷制度が廃止されたのは、今から百年余り前の一九世紀末。曾祖父たちはまだ奴隷制度の真っ只中に生きていたのであり、祖父たちはその時代の空気を呼吸した記憶を持っている。

現在は、黒人の政府高官もいるし、スポーツ選手や音楽のスターはほとんど黒人だ。世界中を公演してまわる国立民俗舞踊団のダンサーたちも、黒人が圧倒的に多い。黒人の持

アフリカ系の生徒がバレエ学校から巣立ち、
スターになることも珍しいことではない

ち前のバネやリズム感が英才教育の中で花開いている。

革命前には地方都市の黒人青年が、スポーツで有名になってハバナに住み、さらにオリンピックで活躍するなどということは不可能だったことを考えると、人種差別解消に革命のなした功績は大だ。

アメリカ合衆国ではニガーは蔑称だが、キューバでネグロというのは肌の色を表すブランコ（白）と同等の、区別のための言葉でしかない。キューバで混血がものすごい勢いで進んでいるのも、人種横断的な結婚に何の障壁もないことを示している。

人種のルツボといわれるアメリカ合衆国ですら、黒人は黒人の異性と付き合って結婚する場合が多く、人種横断的な結婚は未だ一種のタブーとされている。キューバの黒人は、混血が進行した結果、アーリア系の顔だちに褐色の肌という、世界中でもっともカッコいい人種になってしまったのである。

「靴とコーヒー以外に黒いものは入れないの」

とはいうものの、革命からたった三五年間では完全に差別を払拭することは難しいのも事実だ。非黒人系市民の間では黒人に対する辛辣《しんらつ》なジョークやイヤ味、あからさまな悪口が絶えない。「わが家には靴とコーヒー以外に黒いものは入れないの」、と言い放つ少女がいてびっくりしたことがあるが、何も白人のものすごい保守派で人種差別主義者というわけではない。そういう言い方は結構流行しているのだ。

旧市街は黒人街だから近寄るな、ディスコやコンサートは黒人だらけだから行ってはダメ、黒人に声をかけられても振り向くな、私は黒人に腕時計を盗まれた、泥棒は黒人の三人組が多い、夜のうちに黒人に自転車を盗まれた、黒人の嫁さんなんて停電になったら見えないじゃないか、などなど虚実皮膜ないまぜでときどきウンザリするが、キューバ人の生活実感にしてみればこんなところなのかもしれない。つまるところ「黒人に気をつけろ」だ。

世界有数の治安良好国キューバでは、残念ながら目に見える部分のもっとも悪質な部分は黒人によって担《にな》われている。旧市街で白人のヤミ屋に出会うことはないし、昼間から働かずにブラブラしている人々は圧倒的に非白人であることは事実だ。ひったくりやコソ泥もしかり。僕は旅行保険に入って旅をしているが、キューバに保険はない。出掛ける前に洋服ダンスにまで鍵をかけたり、ドアの二重ロックは当たり前、盗難に異常なまでの予防策を講じるキューバ人のことだ、黒人に気をつけろ論に純化してしまうのもわからないではない。

絶叫しながらガキを追う東洋人

第三世界の国々を旅することが大好きで、ヤバイ街をずんずん歩くことを至上の喜びとしている僕にとって、自慢の種は物を盗まれたことがないことだった。バンコクの市場や夜の街を、カメラをジャラジャラさせながら歩き回っても何ともなかった。マニラで財布をスラれてからは自分の未熟さに気づいたが、不思議と深刻な被害はない。

繰り返すが、ハバナは世界でもっとも安全な首都である。しかし僕が最初に物を盗まれたのは、恥ずかしながらハバナの旧市街の路上、白昼だった。例によって「チークレッ、チークレッ（チューインガム）」と近づいてきた二人連れのガキのひとりに、胸のポケットに差したボールペンをひょいと持っていかれてしまったのである。逆上した僕は即座にカラテの型でガキ（盗った方ではない）を威嚇《いかく》すると一〇〇メートルぐらい走って追いかけたが逃げられた。ボールペンを盗られて悔しいというよりも、スキを見せた自分に情けないやら不甲斐ないやらで腹がたったのだ。「Ｎｏ！」とか何とか絶叫しながら小学生を追いかける東洋人は、旧市街で注目の的になった。旧市街ではひったくりは日常茶飯事だが、ボールペンごときでカラテの使い手が血相を変えるとは、そのガキ（盗った方ではない）も考えなかっただろう。

アメ車

American vehicle

ここはアメリカ合衆国の「裏庭」にあって
アメリカ合衆国最大の敵。
しかし道路にはアメ車があふれている

キューバを訪れた外国人旅行者が、郊外にあるホセ・マルティ国際空港からハバナ市街に向かうときにまず一番驚くのは、まるで骨董《こっとう》品のようなアメリカ車が堂々と、第一線級の使用に耐えていることである。空港の前にすでにそれらは大挙して身を横たえているのだが、まさかそれが動くとは誰も考えていないのだ。

一九五九年のフィデル・カストロらによる革命によって、資産家の多くはアメリカ合衆国フロリダ州のマイアミに脱出してしまった。アメリカ合衆国との国交断絶により、自動車の輸入はストップ。以来こんにちにいたるまで、キューバの人々は一九五〇年代、あるいはそれ以前に製造されたアメ車を、大切に大切に乗り継ぐことになるのである。一九六〇年代に入り、ソ連との接近や東側、コメコン経済の世界へ足を踏み入れることになり、

40年以上も前の車をこれほどピカピカに保《たも》つのには、
人には言えない苦労がある

ソ連製、チェコ製、東独製などの車も流入したが、一九五〇年代や四〇年代のアメ車は、五～六年で乗れなくなることもあるそれら東側の自動車よりも格段に長持ちした。さすがだ。

五六年型シボレーも現役

キューバの歴史は、街を走る車を見るだけで一目瞭然《いちもくりょうぜん》である。アメリカ合衆国支配の一九五〇年代以前（アメ車）、コメコン経済圏の一九八〇年代以前（ソ連車）、ソ連邦崩壊以後の開放の時代（日本車）。

一九七〇～八〇年代に作られたソ連製の「ラッダ」が次々とお払い箱になっていくというのに、五六年型シボレーなんていうアメ車の方は一九九〇年代中盤のこんにちにいたるまで、しっかりと現役であり続けているのである。もちろん車内はすでに往時の豪華さは持ち合わせていない。シートは何度も張り替えられてボロボロのビニール。フロントガラスにはヒビが入り、床の鉄板のすき間から、地面が見えるなんてこともよくあることだ。スピードメーターはたいていの車で用をなさず、燃料計や時計など、すべての計器類や保

どんな車にもオーナーは満身の愛情を注いでいる。
残念だがそれでも寿命は来る

旧東独製とおぼしきサイドカーが多いのもキューバの特徴だ

安部品はどれも取り外されてベニヤ板が張られていたり、ただの空洞になっていたりする。ウインカーなどなく、みんな窓から手を出して手信号である。これだけの歴史的造形物は、もはやアメリカ合衆国本国でも見かけることすらまれだろう。

これで通用するのも、ラテンアメリカが車中心社会だからである。歩行者は車の邪魔にならないようにおそるおそる歩かなければならない。それでも毎日のように事故が起こって人も死んでいる。

それにしても、五千cc以上の排気量のアメ車が四〇年もたって、一体どれほどの燃費を維持しているのか計算してみたいものだ。石油をはじめとするエネルギー危機が叫ばれるキューバで、一番のムダ使いはこれらのアメ車の燃料であることは間違いないのである。アメ車に限らず、物資不足のキューバでは、何につけても古いものが通用している光景に出会う。二〇年前の日本のトヨタの部品を買ってきてくれという友人もいた。二〇年前のトヨタの部品など、日本でもおそらく手に入らないだろう。

一九九〇年代のこんにち。キューバでは、道路交通の主役は、中国製のシンプルな自転車、「ピジョン号」である。ガソリンを垂れ流すように走り、排気ガスをまき散らすアメリカ車よりも本質的に地球にやさしいことは確実なのだが。

昏迷《こんめい》の楽園

Paraiso

アメ車にカジノにアバンチュール。革命前のキューバはアメリカ人にとっては日本にとっての東南アジアと同じ位置にあった

一九五九年一月一日にオープン予定だったハバナ・ヒルトンは、一日も営業することがなかった希有《けう》なホテルだ。オープン予定の一月一日は、独裁者のバチスタがありったけの財産を持ってドミニカに逃亡した日であり、革命政府が権力を獲得した日でもあった。一人の客も迎えることなくホテルはカストロらの革命軍に接収され、階上には司令部が置かれることになった。

革命軍に接収された〝帝国ホテル〟

気取ったシティ・ホテルは、その日からオリーブ色の戦闘服を着た髭《ひげ》のゲリラたちでご

ったがえすことになる。このホテルはその後、営業を開始してもヒルトンを名乗ることはついぞなく、ホテル・ハバナ・リブレとしてキューバのシティ・ホテルのシンボル的存在となる（現在は海外資本との合弁となり、その名もギタール・ハバナ・リブレ）。

ほかにもキューバの〝帝国ホテル〟であるホテル・ナシオナル、アメリカ合衆国のユダヤ系マフィアが所有するリビエラ、旧市街にあって一九世紀から続くイングラテーラなど、由緒ある一流ホテルは次々と接収されていった。

現在はキューバ国内のホテルは、すべて国営旅行社かキューバと第三国の合弁企業の所有となっている。

革命前には、アメリカ人がカジノでカードゲームに興じ、アバンチュールを楽しむため、二泊三日で週末を過ごしに足しげく訪れていたキューバのこれらのホテル。キューバにあって一般のキューバ人の立ち入りが認められていなかった空間が、キューバ人に持っていかれたのだ。アメリカ人も相当に頭にきたのだろう。ＣＩＡやらマフィアやらを先頭に、キューバいじめを盛んに行った。それが三〇年以上を経た今日も延々と続き、調子を上げてきてさえいるのだから相当な執念深さである。

開放されたキューバの伝統

革命前にどん底の生活を強《し》いられていた黒人たちは、今は世界でもっとも人種差別の少ない空間に暮らしている。その後のキューバは、ソ連邦の消滅などに起因する、革命後最大の経済危機を迎えたが、それでも暴動のひとつも起きずに何とかもちこたえているのは、苦しくとも革命前の生活に比べれば数倍人間らしい生活を送っているということを、とりわけ黒人の革命世代が身をもって理解しているからだ、とも言われている。キューバはソ連に占領されて社会主義国になった東欧とは、根本的に国の成り立ちを異にしている。サルサと踊りと酒、そしておおらかな恋愛の伝統がキューバを、困難でも楽しそうに見えるという、世界でも類を見ない国と国民に仕立てたのである。

一度訪れればこの国の魅力に取りつかれない男女はいない。キューバに麻薬はないが、麻薬めく何かがキューバを訪れる人々に作用していることは確かである。

ドル

Dollar

国の通貨、ペソで買えるものは何もなく、ドル・ショップにはモノがあふれていた

ドル。ダラーだからスペイン語読みにするとドラルとなる。一ドルならウン・ドラルだ。一九九三年の夏に、それまで禁止されていた市民のドル所持が解禁された。この世紀の大改革前後の市民生活の激変は、あまりに多岐にわたる。農産物が一部自由販売されるようになった。工業製品や雑貨なども一部自由に販売されるようになった。自営業が認められた。ホテルではチップが認められた。所得税が登場した。キューバ中に農産物自由市場（メルカド・カンペシーノ）が登場し、米も肉も野菜もふんだんに出回るようになった。小金持ちが登場した。悪徳業者も登場した。

激変だ。これを激変といわずして何を激変というかという感じだ。

三〇ペソで一ドルを買って髪を切る

一時期一ドル＝一四〇～一五〇ペソを記録した闇レートも、ペソでもものが買えるようになった昨今では徐々に安定してきている。一ドル＝三〇ペソぐらいというからかつてと比較するとかなりのペソ高ドル安といえるだろう。もっとも公式レートでは今もって一ドル≒一ペソなのだが……。

ドルしか受け取らない、つまりドル払いの自営の美容院などに行く場合、女たちは三〇ペソで一ドルを買って髪を切ってもらうわけだ。大学教授などの高給取りで月収約三〇〇ペソ。むろん単純にドル換算できないが、月収一〇ドルとなると事態は深刻だ。一ドル＝一四〇ペソ時代には月収二ドルそこそこだったわけである。市民のギラギラした欲求不満が、外国人観光客に向かうのも無理からぬところというものだ。

〝革命的〟観光客のカルチャーショック

少なくとも三〇年も前には、国立銀行総裁のチェ・ゲバラが、貨幣なんてものはなくなることを夢見ていたのに、いまや事もあろうにあのアメリカ合衆国の貨幣に市民の一挙手一投足が向かっているとは。チップは労働者を堕落させるといっていた時代も昔のこと。キューバ旅行をするゲバラ・ファンなどは、まる一日するとカルチャー・ショックでたいていの場合、動けなくなってしまう。

ダウンタウンでは、いたいけなガキどもが「ドルちょうだいドルちょうだい」とくっついて離れず、夜になると売春婦登場。売店ではお釣りをわざと間違える。タクシーにいたっては金輪際釣り銭を用意したことがないとでも言いたげだ。

革命的観光客を意気消沈させるのには、まる一日あれば十分。なぜならこれらの頽廃《たいはい》現象はどんなに固く目を閉じていても、ホセ・マルティ国際空港に着いた瞬間から五感に飛び込んでくるものであり、あなたのデリケートな感受性をいくらかばおうとしても、空気のように身体にまとわりついてくるものなのだ。要はキューバでこんにち起こっている事態をいかに客観的に見ることができるか、という姿勢にかかってくる。キューバ人と付き合うときに一喜一憂は禁物だ。

いっとき、インドは大好きになるか大嫌いになるかどちらかだ、といわれた。今ではキューバがそうなのか。ジャマイカの、ニューカレドニアの、グアムのリピーターなんてそうは聞かないが、多くの旅行者がリピーターとなってキューバを再訪している。もちろんキューバを大嫌いになって去る人、大嫌いなまま去るに去れないでいる人も中にはいるのだが……。

キューバと付き合うときに一喜一憂は禁物。キューバは急がない。ゆっくり見守るほかないのだ。

七対一の神話

カリブ式恋愛は男性のワンサイドで始まる。男一人に対し、七人の女がいるというのだが

女七対男一。ことわっておくがこれは公式にいわれている数字ではない。男女比の正式な統計では五二対四八かそれより少し女が多い程度、とされている。しかしキューバ人は七対一説を信じている人が意外に多く、僕にこの俗説を教えてくれたのも、大学で教鞭《きょうべん》をとったこともあるという女性だった。

「だから男はいろいろな女に求愛し、愛情がなくなったらさっさと去っていくのよ」。

キューバ人は一生に三～四度は結婚と離婚を繰り返すのが常識だが、それもこういった理由によるところ大だろう。カストロ首相にしても、正式な結婚は革命前の一回きりで以後は独身だが、子供は無数にいると言われている。

日本や欧米だったら失脚に結びつきかねないちょっとしたスキャンダルでも、無論カリ

子連れの結婚式も、もちろん珍しいことではない

ビアンの恋愛観ではその限りではない。

男は強く、女は男に従って生きるというラテンアメリカ特有のマッチョの伝統は、革命歴三五年を経てもこの国から払拭されるには至っていないのだ。

母系社会をイメージする家族

僕が七対一説の信者になったのは、ラス・ツナスという田舎町（といってもキューバ東部のラス・ツナス州の州都なのだが）を訪れたときだ。一人住まいの母親のもとに離婚した二三歳位の若い女性が帰ってくる。この若い女性には五歳位の小さな女の子がいる。このような三世代にわたる女だけの家々が、キューバの典型的な世帯だと僕には思えるのだ。そして二〇代前半で子供をかかえて独身という女性が多いのも驚きだった。

その中のひとつの家で、二週間にわたって家族同様の生活をしたあと、首都ハバナに発つ僕を近所の人々が見送ってくれたのだが、ここでも男はひとりもいない。五歳から五〇歳まで、二〇人近くの女が次から次へとキューバ風の、抱き合って頬に軽くキスをするというスタイルの（いわゆる「ベシート」である）見送りをしてくれるので、かなり長くタクシーを待たせてしまった。ハバナでさえ東洋人を見ることは珍しいキューバのことである。誰しも日本人を見たのはおそらく生まれて初めてだったに違いない。

青い空、白い雲、カリブ海特有のどこまでも続く海岸線、革命政権によって封印された最後の楽園は、欧米がリゾート時代に突入し、メキシカンカリブを含めたカリブ海沿岸の国々の開発が進んで爛熟《らんじゅく》期を迎え、やがて飽きられていく季節にもまったく手つかずだった。

「ヤンキーがこの国の首を絞めていて経済が苦しいけど、キューバが好きなんだ」。ストリート・キッズでさえ臆面もなくこう言うのを聞くと、ハバナの強烈な陽射しのせいばかりではなく、しかし僕は気恥ずかしくなってしまうのである。

酔眼のボニータ

Bonita

サトウキビ文化はラム酒文化。誰しもラム酒さえあれば意外に満足している

国の第一の産業であり、功罪相半ばするとともに愛憎も相半ばすると思われるサトウキビは、キューバにサトウキビ文化、なかんずくラム酒（スペイン語ではRon＝ロン）の文化を形成してきたが、食の文化にグルメの伝統はあまり見られない。男も女もラム酒さえあれば意外に満足しているし、食という行為は酒の後景に追いやられている、というのが僕の率直な感想である。これを物資不足や食料不足を背景にしていると説明するのは、僕のよくするところではない。

米にときどき混ざっている小石や塵《ちり》を取り除くのには、
家中の女が総出で午後いっぱいかかる

甘いか辛いかの味覚

それとは大いに矛盾するかも知れないが、キューバ人は一般的に大食いである。レストランの食事は日本人では食べきれないほど皿に盛られてくるし、二〇代の女性でも、コース料理のあとにしっかり山盛りのアイスクリームを平らげる。

味付けは、世界最大の砂糖産出国らしくものみなすべて甘い。甘いもの以外はすべて塩辛い。キューバの味覚はこのどちらかしかなく、メキシコ料理のようなピリ辛系はまったくダメときている。どうりであの食べ方では、二〇代前半ですでに肥満の兆候が出てくるはずだ。庶民の食卓はニンニクで味付けした豚肉に、黒豆をまぜたアロスコングリス（キューバ風の「赤飯」）、バナナのフライなどで、毎日あまり変化がない。これをひとつの皿にとってスプーンでちぎり、混ぜるようにしながら食べるのである。あまりお上品とはいえない。

赤土、サトウキビ文化、陽気な人々の気質、踊りと音楽、これに食のチャンプルー（沖縄でいうところのごたまぜ）様式が加わった諸要素が、僕にキューバを、日本の沖縄と非

ランチタイム・イン・田舎。テーブルには男、そして
年長者からついていく

常に似ていると感じさせてくれる。

胸とお尻に圧倒される男

キューバ人の典型的なムラータ（混血女性）は、堀田善衛《ほったよしえ》の表現を借りれば「胸が大きく、尻は胸以上に大きい」のが普通だ。ホテルのメイドが客室に入ってくるときもまず巨大な胸から入ってくるのが見え、出ていくときは身体全体がドアの影に隠れても尻だけがまだ見えている、というのだが、まさか……。

逆に男はカマキリのように痩《や》せている。太った妻を自転車の荷台に乗せて懸命にペダルを漕《こ》いでいるやせぎすの夫、といった典型的なキューバ人夫婦の姿が、ハバナの風光明媚《めいび》な海岸線のマレコン通りではひんぱんに見られるはずである。その姿を後ろから追うと、最近大流行の中国製自転車ピジョン号を漕いでいるはずの男の姿は面積の大きな女のうしろ姿に完全に隠れてしまっている。これを見るたびに僕は、キューバ人の男の置かれた立場に同情を禁じえないでいる。そして心の中で「ガンバレ」と声援を送っているのである。

マレコン通りを自転車でいくカップル。この炎天下では
相当な運動量だが

ラム酒とダンスとカーニバル

Rum, Dance and Carnival

明日の成果よりもきょうの悦楽。キューバが僕の性分に合うのはこういう人々のおかげだ

寝ても覚めてもキューバ人の頭の中には女と酒、そして音楽と踊りぐらいしか入っていない。もちろんこれは男の場合だが、女の場合でも男の項が最初にくるだけのことで、音楽と踊り、そして酒なしではいられないことにはかわりはない。

一〇代の少女でもラム酒をストレートでやるキューバ人のことである。多少のことには動じない豪快さは生来のものなのである。明日の成果よりもきょうの悦楽、これこそがラティーノ、とりわけキューバ人をはじめとするカリビアンの本質を解くキーワードである。

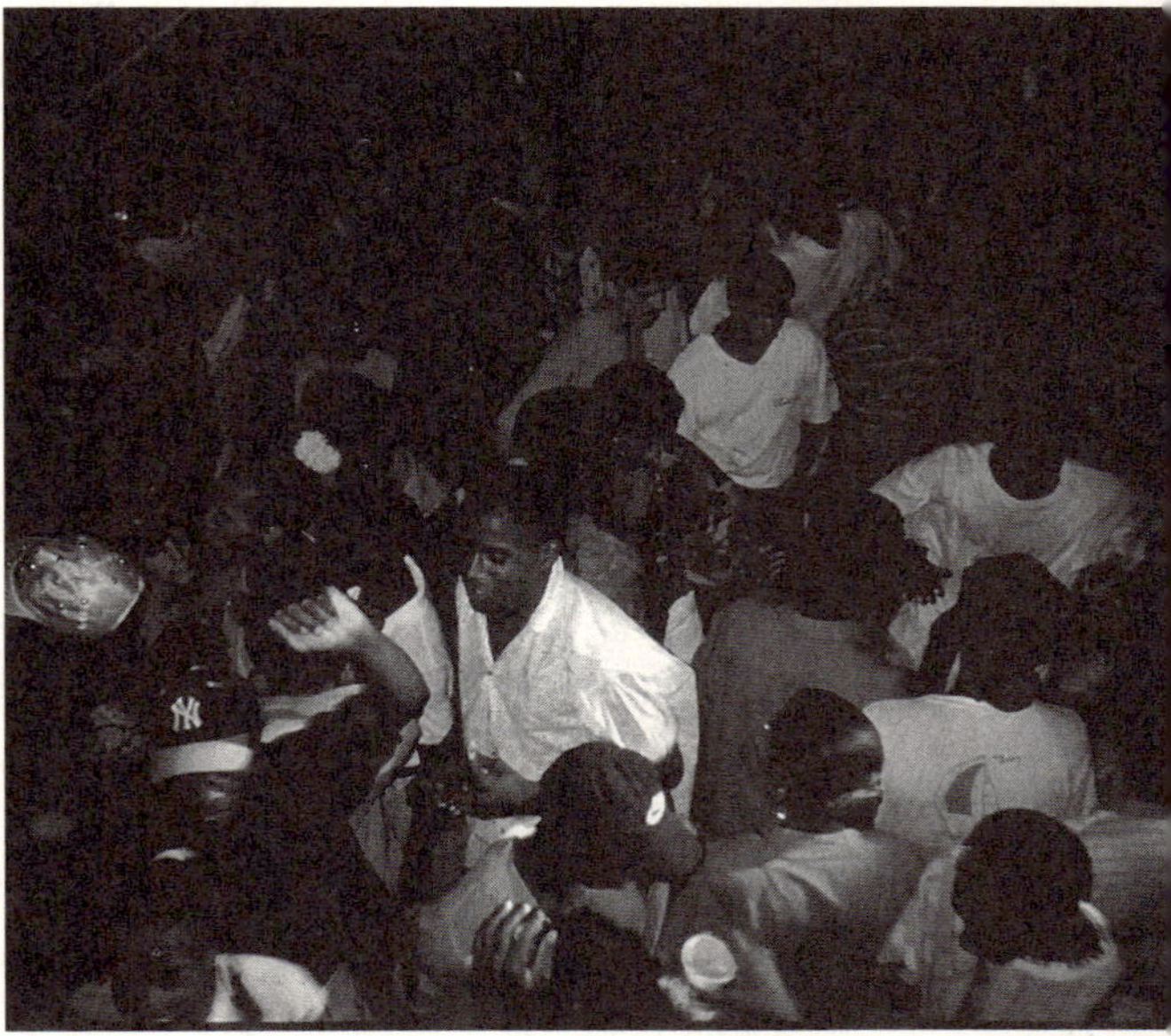
夏季限定でマレコン通りに設けられた屋外ディスコ。
踊るどころではないほど混んでいる。みんなすごいお洒落をして自転車で集まるのだが、人が集まり始めるのは暑さが退いた午後10時過ぎ。盛り上がるのは午前１時過ぎから

野外のディスコ

旧市街から新市街を繋《つな》ぐマレコン通りの真ん中に夏の間設けられる、急造の野外ディスコテカでは、バカシオネ（休暇）シーズンともなると、日本の巨大ディスコなど問題にならないほど、様々な意味ですごいシーンが繰り広げられる。

黒人が圧倒的に多い場内はまさに立錐《りっすい》の余地のないほどに混雑し、石の塀はお立ち台となり、場内に入れなかった若者が場外で踊り狂い、カップルは街灯の下で堂々と熱烈なキスをかわし、ラム酒やビールを飲みながら踊りを見物するグループがあり、物陰という物陰は臨時のトイレとなって異臭を放つ水溜りとなり、夜陰に乗じてスリが活躍する、といった具合だ。

日没後、八時ぐらいの開場なのだが、深夜になるにしたがって人が増え続け、ピークは深夜の二時頃、それが夜明けまで続くのである。皆、物資不足が嘘のようなファッショナブルな出で立ちで登場し、レオタード一枚に近い女もたくさんいる。

昼間は強烈な陽射しを避けて通りに人の姿は比較的少ないが、深夜のこの人出は圧倒的

国立民俗舞踊団のステージ

で、花見シーズンの吉祥寺《きちじょうじ》の井の頭公園を彷彿《ほうふつ》とさせて余りある。しかも隣接するホテル・ナシオナルの迷惑などどこ吹く風といった大音響のミュージックがスピーカーから一晩中流され続けているのだ。誰もが自転車で乗りつけるのだが、現在のキューバでは自転車は貴重である。一〇台ぐらいをチェーン錠でひとまとめにし、ちょっとやそっとでは盗めないように工夫して駐輪してあるところがハバナっ子らしい。

彼らの踊りはどれもプロ並みにうまい。少なくとも日本のプロ以上にうまい。しかしそれは日本人が箸《はし》を上手に使うのと同じ程度のことにすぎない。彼らのステップも腰の振りも緻密に計算された理論にもとづいていて、小さい子供の頃から育《はぐく》まれてきたからにほかならないのだ。彼らもなにも踊りながら生まれてきたわけではないのだから。

ホセ・マルティ

Jose Marti

キューバ革命の使徒。日本では知られていないがラテンアメリカでは超有名人

キューバ革命の巨人はあまたある。フィデル・カストロにチェ・ゲバラ、カミーロ・シエンフエゴスといったところがクリーンナップだろう。ほかに一番打者はラウル・カストロかなと思ったりする。うちふたりは革命後一〇年以内に物故している。そのときはフィデルもまいっただろうと察するのは、僕だけではあるまい。

キューバの「使徒」ホセ・マルティ

日本人はあまり知らないかもしれないが、一九世紀にスペインからの独立を戦ったホセ・マルティという人は、キューバでは「使徒」と呼ばれる。「国父」は同じく一九世紀

のセスペデスという人だが、憲法でも、共産党の決定文書でも、街中の胸像でも、随所にマルティ、マルティ、マルティ、マルティだ。ホセ・マルティに触れずにキューバに入りキューバから去ることは不可能である。なぜならハバナの空港がホセ・マルティ国際空港なのだから。なぜなら一ペソ札の意匠がホセ・マルティなのだから。なぜなら空港からハバナ市街に行く途中に必ず通る革命広場に巨大なホセ・マルティの像があるのだから。

ホセ・マルティの像の真正面が、つまり革命広場の真正面がキューバ共和国内務省だ。内務省の壁画はすなわちチェ・ゲバラである。内務省ビルは旧工業省ビルであり、かつての工業省総裁をチェは務めていた。

ホセ・マルティは、しかし日本ではあまり知られていない。彼の書いたものが日本で出版され、それを読者が読む。そのような状況になるには、日本の気温がもう少し上がる必要があるのかもしれない。マルティの文章が、詩人のそれ特有の文体で、たいへん読みにくいともいわれている。マルティの翻訳がなかなか日本で出ないのもそのためかもしれない。

ホセ・マルティ国際空港の第２ターミナル。
雨漏りあり、停電あり

ハバナ中央公園に建つホセ・マルティの像

チェ・ゲバラとキューバ

チェ・ゲバラという人は、キューバに少しでも関心がある人はたいてい知っているだろう。でも知らない人もいるだろう。死んでもうすぐ三〇年になるのだから。光陰矢の如しである。

一九七〇年代後半以降、日本ではキューバやキューバ革命に関する書物がほとんど出版されなくなった。研究者も減った。それを一九七五年にキューバがソ連型の憲法を採用してソ連の衛星国になったから、とする論者もいる。出版物が刊行されても、ラテンアメリカの一項目に付随しているといったことが多くなった。

キューバ関連書物のリストをひもといても、刊行年の多くが一九七〇年代前半までに集中しているのに気づく。

僕がゲバラ・バッジをしていると、知っている人は「あんた過激派？」などと失礼なことを言うし、知らない人は「へえ、ボブ・マーリー好きなんだ」などといって僕のアゴをはずす。ゲバラを知らない人にとってはベレー帽イコールレゲエなのである。とはいえ、

内務省の壁には巨大なチェ・ゲバラの肖像が。内務省の建物は旧工業省であり、かつての工業大臣はチェだった

もちろん僕はボブ・マーリーをはじめとするレゲエの巨匠には常々敬意を払っているつもりだが。

そう、ラテンアメリカの音楽の本だけは、キューバの音楽の本を含めて一九九〇年代に入り、ものすごくたくさん出版されるようになっているのである。ＯＬの間ではジャマイカ・ブームだそうだ。パッケージ・ツアーでリゾート・ホテルに放り込まれ、ショッピング・センターでレゲエ・グッズを買いまくる。ホテルのプライベート・ビーチでひと泳ぎ。そして帰りの空港に向かうタクシーの窓から、初めてジャマイカのダウンタウンを目《ま》の当たりにして震え上がるのだ。

アルベルト・コルダの撮ったチェ・ゲバラの肖像写真は、世界中でもっとも多く印刷された肖像だろう。イタリアの出版者フェルトリネルリはこの写真をＴシャツやバッジにして世界中に、何百万枚もバラ撒《ま》いたという。著作権料を一銭も払わずにだ。

内務省の壁のチェの肖像も、コルダの写真がモチーフになっている。日本の僕たちもそれでＴシャツやポストカードを作り、それはいまでも新宿の模索舎という本屋で売られている。

ホセ・マルティの墓はサンティアゴ・デ・クーバにある

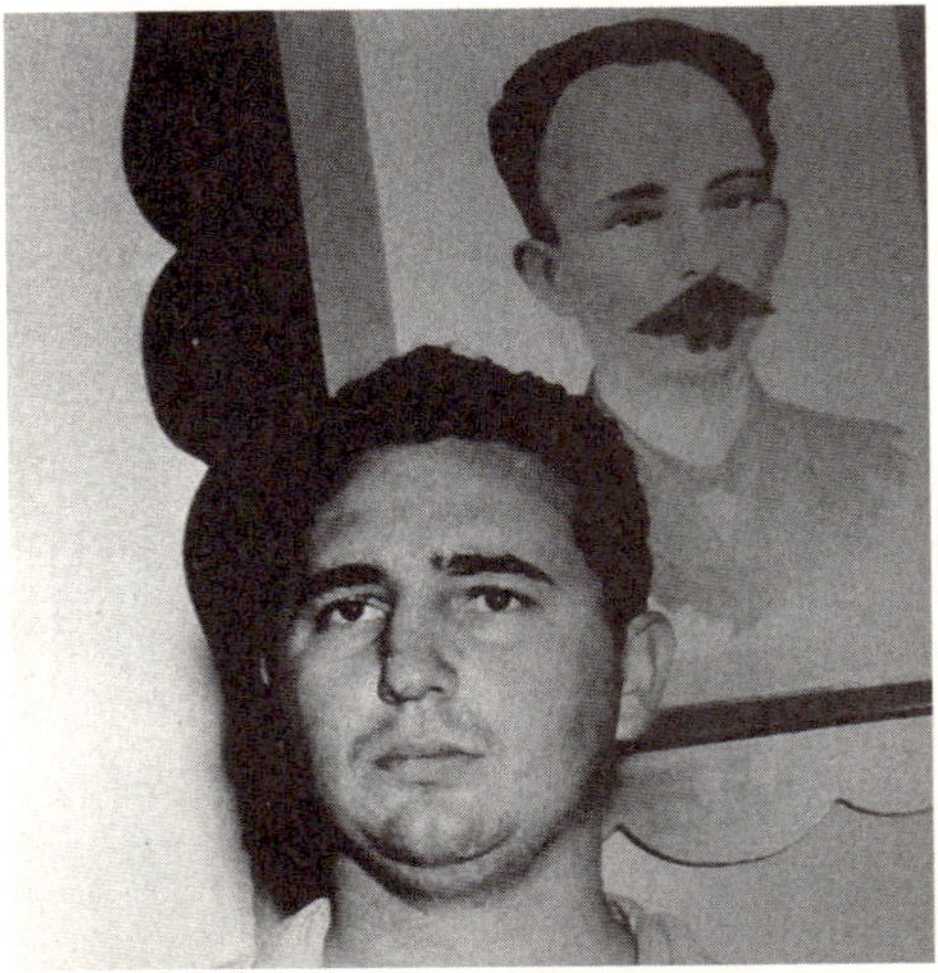

ホセ・マルティの肖像の前のフィデル・カストロ

ヘミングウェイとキューバ

ゲバラを知らなくても、米国のノーベル賞作家ヘミングウェイを知らない人はいないだろう。日本の中学校でも文学史の教科書に登場する。ゲバラはアルゼンチン人で、キューバに住んだのはグランマ号でキューバに上陸して以降の数年間だが、革命後はキューバ市民になった。ヘミングウェイは二二年間にわたってキューバに住んだが、むろん米国籍のままだった。キューバは成人してからの彼のほぼ唯一の定住地だそうだ。キューバを去った彼は翌年、心を病み、自殺する。キューバを去るにあたり、カストロと語り合い、スペイン語で「われわれキューバ人は必ず勝つ」と語ったという。

キューバ人になる方法は、キューバに長く住んだかどうかではない。キューバにいかに愛情を注いだかである。ヘミングウェイ。彼もゲバラ同様、誇り高きキューバ人だったのである。

ホテル・アンボス・ムンドスに残るヘミングウェイの居室と彼のタイプライター

旧市街

Habana Vieja

僕は大好きだが
ハバナ旧市街の居住環境はなかなかハードコアである

ハバナ市は主として三つの地域からなっている。旧市街と新市街、そして住宅街だ。旧市街は一九世紀の街並の残るハバナ・ビエハ、そしてセントロ・ハバナ、新市街はシティ・ホテルやインテリジェント・ビルの林立するベダード、住宅街は大使館や外資系企業の集中するミラマールに代表される。ハバナ港の突端が言うならばディープ・ビエハ。そしてセントロ、ベダード、ミラマールと、ハバナという街が拡大し発展していったのがわかる。

その先はプラヤといって、浜というのと同じ意味だが、郊外といった感じになる。ビエハのもっとも古い街並は、石畳になっている。ハバナ市内をめぐる観光コースはたいていこの辺りから始まる。

子供が顔を覗《のぞ》かせているところが新しく仕切られた“２階”

ダウンタウン

どの国でも旧市街はダウンタウンと呼ばれるが、ハバナでもそうだ。僕はこのダウンタウンというのがどんな場合でも好きでしょうがない。自動車のない時代に建設された街だから道幅は狭く、やたらごちゃごちゃと入り組んでいて人がいっぱいである。このハバナ旧市街でもハバナ・ビエハの一部に関しては、革命前は黒人の居住が禁じられていた地域である。

キューバ革命が進行し社会主義的な傾向を帯びるにしたがって、ハバナ・ビエハの白人のいくらかはマイアミに逃げだした。騒ぎがおさまったら戻ると言い残して。メードは空き家となった勤め先にどんどん家族や親戚を呼び寄せたため、街は逆に黒人街の様相を呈しはじめた。そうなると更に白人は郊外に去っていく。天井の高さが四メートル以上もある一九世紀の住居であるから、彼らは自力で一軒の家を二階屋に改造して住みついたというわけだ。旧市街が人だらけになるはずだ。もはや旧市街に昔ながらの高い高い天井をもつ住居はあまりない。

つっかえ棒で建物が倒れるのを防いでいる

ハリケーンの後は、老朽化した建物が水を吸い、それが日射しによって膨張して内部から崩壊する。嵐の後、建物の瓦解が数日にわたって続く

住めるところには住む、住めないところにも住む

革命前はホテルとして利用されていた豪華絢爛の建物が、ワンフロアを一階と二階に仕切られ、一室もこまごまと仕切られ、ただのアパートになっていたりする。映画館や体育館、役所の建物の裏側は住宅ということもある。旧市街では住めるところには住む、住めないところにも住むことにしているらしい。そもそも前世紀の建築物なのであり、そこに定員オーバーの人員が居住していると、傷《いた》むスピードも倍加する。街は崩壊が始まっていて、ディープ・ビエハの一部では、つっかえ棒をあてて建物の倒壊を防いでいるところすらある。

ワシントンのホワイトハウスを模した旧議事堂のカピトリオ（現在では博物館）までつっかえ棒だ。つっかえ棒で何とかもっている住居でも、合法的に人々は住んでいる。ハバナの住宅事情は悪いのだ。旧市街の住人と結婚して大家族の一員となる女は、新婚夫婦の専有できる面積がリビングに置いたシングルベッド一台分のみであることを覚悟しなければならない。

カリブ海に浮かぶ島々としては、ハバナのインフラ整備率はナンバーワンだが、いうまでもなく旧市街の上下水道はすでに老朽化して使い物にならない。水はどこからかドラム缶に入れて運んでくるのだ。アパートの階上へは、運ばれてきた水をバケツリレーで持ち上げる。それをまた、ドラム缶にあけて貯めておく。

「日本に水はあるのか、水は。キューバにはないんだ。だから俺たちはコーヒーを飲むんだ」と、少しおかしくなったおじさんが話しかけてきた。コーヒーは水でいれるんじゃないのか、というスペイン語を僕は言えなかった。

グワグワ

Going by bus

グワグワ＝路線バスを完全に乗りこなせる者はハバナ市民ですら一人もいない

グワグワ。文字通りガーガー走るからかと思ったら違っていた。「昔の車はクラクションをグァーグァーって鳴らしたでしょ。だからよ」ということらしい。クラシックカーのクラクションを想起してみる。確かにグァグァだ。それがキューバではバスの一般名詞になっている。綴りはGUAGUAだが、口で言うと、ウアウアに近い。キューバ特有のダンスのスタイル、GUAGUANCOもほとんどワワンコーと発音される。キューバ弁は、Sの音が完全にヌケるとともに口をあまり動かさないハッキリしない発音が特徴だ。前者はスペインのガリシア地方の、後者はアフリカ系の人々のしゃべり方の影響による。

僕が初めてキューバを訪れた一九九一年の夏には、ハバナ市内のグワグワは十分ではないが、まだまだ足りていた。ハバナ郊外にあるヘミングウェイ博物館まで、二本のグワグワを乗り継いで行くことができたぐらいだ。その年の暮れにソ連邦が消滅。

バスを待って日が暮れる

一九九五年、ペリオド・エスペシアル—特別な期間の昨今では、グワグワ一本につき二～三時間待ちは常識で、乗り継ぎなんてとんでもない。明日になってしまう。中学校の教師をやっている下宿の娘がお昼に帰ってきて、「バスを二時間半待ったけど来なかったのできょうは休むことにした」という。職場に連絡はしたのかと聞くと、学校に電話はない、という。自転車はどうしたというと、自転車は嫌いだという。日本の常識的な基準からすると破格にいいかげんな僕も、このいいかげんさにはあきれた。この娘さんにしても比較的厳格な人物なのだが、職場に行かなければという義務感が希薄なのだ。「カリビアン働かない」を実証したエピソードだった。

キューバ全体では、この程度は日常茶飯事なのだろう。実際、バスを待つ間に本当に明日になってしまう例は少なくなく、バス停には、深夜になっても人だかりが絶えない。

国内を走るグワグワにもいろいろありそうなものだが、キューバ市民が小銭を払って乗り込む公共輸送機関のみをグワグワといっているように、僕には聞こえた。外国人観光客が乗るベンツやボルボのハイデッカーの高級バスはアウトブスといって、グワグワと呼んでいるのをあまり聞いたことがない。市民のバスは東欧のイカルス社の旧式で騒音が凄い。ベンツ&ボルボの新型は騒音がない。僕がグワグワを、ガーガーという騒音から派生した言葉だと勘違いした理由もそこにある。

「バスはドアを閉めて運行する」法の制定

ハバナ市内のグワグワはたいていは運賃一〇センターボ（一〇〇センターボ＝一ペソ）。乗車定員制の着席バスは四〇センターボのこともある。最近はガソリンの供給が落ち着いてきたのか、あるいはそんな乗り方をしていてはバスも身がもたないと思ったのか、スシ詰めにスズなりというバスは珍しくなった。各バス停からの乗車人数に制限を設けることが多くなったのだ。バスはドアを閉めて運行する、という法律ができたという人もいた。以前のような、何人もの人がステップに足をかけたまま、ぶら下がるようにしてグワグワで運ばれていく様子はハバナの風物詩とさえいえた。僕はそんなバスの写真を撮るのが好きだったのに。

カミオン（トラック）での移動・三八〇キロ

一九九四年の一二月に古都トリニダーからラス・ツナス州の州都まで、約三八〇キロの道のりをバスで移動した。トリニダーからラス・ツナスまでの直通バスはないので、サンクティ・スピリトゥス州の同名の州都までまず約八〇キロの距離を消化することにした。

トリニダーのバス・ターミナルで聞くと、料金は五センターボだという。ハバナでは市内の一区間だけでも一〇センターボはする。僕はイヤな予感がした。そして予感は見事に的中した。二時間遅れでターミナルに到着したそれは、カミオン（トラック）だったのである。トラックといえどオールスタンディング（つまり全員起立）のスシ詰め。約二時間、砂ぼこりをあびながらの強行軍である。

このとき知ったことは、トラックというのは立って乗れば少々疲れるが案外快適だということだ。このあと座って乗るトラックで味わった乗り心地を基準にすれば、だが。

毒を喰らわば皿までとはよく言ったもので、サンクティ・スピリトゥスからカマグウェイまでの約一五〇キロ、さらにカマグウェイからラス・ツナスまでの約一五〇キロを、僕はとうとう屋根のある、座席のある乗り物に乗ることはできなかった。ずっとトラックだったのである。

ヒッチハイクでも何でもない。バス・ターミナルで待っていたらトラックが現れたのだ。悪くないのに罰を与えられた、僕はそんな一抹《いちまつ》の淋しさにも似た感じをもった。

しかし実は運が良かったのかもしれない。キューバでは長距離バスは約一カ月、中距離でも一週間前までに予約をしなければならない。当日バス・ターミナルに行って三八〇キロも移動できたのは本当に快挙なのだ。しかもトリニダーからラス・ツナスまで、すべて現地通貨であるキューバ・ペソを使ってである。

ペソの流通世界に入り込んでからドルの威力にたよることを、僕は一応禁忌と心得ていた。金があるならあるで最初から旅のやりようはあるのだ。貧乏旅行だからこそ、結果としてその国の人々の横っ面をドルで引っぱたくことになる旅をするわけにはいかない。

キューバ式レクリエーション

今度はいわゆる荷台に座ることができたと一瞬喜んだものの、しかしそれだけにタイヤ

田舎道をゆくカミオンもスシ詰め

が道路の穴や舗装の段差をひろうたびに「ギャッ」だの「うがっ」だのと叫び声をあげることになった。

とうに日は沈み、雨さえ降ってきた。街灯もないキューバの田舎道を時速一〇〇キロ近いスピードで走るため、雨粒は弾丸となって皮膚を直撃し、一二月の外気は震え上がるほど冷たかった。沿岸はトロピカルだが、キューバの内陸の気候は要注意だ。夜はめっきり冷えるのである。ほかの乗客はみんな芋虫状に毛布をかぶって器用にうずくまっている。まるでミイラ置場のようだ。

僕はこのトラック旅行から少なくとも二週間は、尾てい骨の痛みが抜けなかった。トラックで乗り合わせた二〇代前半の女の子のふたり連れは、このようにターミナルからターミナルへの中距離移動を繰り返して、サンティアゴ・デ・クーバまで帰るのだと言った。きょうのところはバス・ターミナルで仮眠するほかない、という。

キューバ人はこのようにときどき、僕に圧倒的なパワーを見せつけることがある。彼らにとっては、レクリエーションの一コマに過ぎないところが、更に僕を圧倒する。

自転車

Bicycle

大小二台のカメラをブラさげて、旧市街を自転車で走る。僕のその姿は街のキューバ人に決まって大笑いされる

ハバナの旧市街で闇屋から二五ドルで買った自転車は、買ってから四時間後に同じく旧市街で盗まれた。ほんの一五分、ビールを飲みにバーに入っただけなのに。深夜は人通りも途絶えがちなので一抹の不安が頭をかすめたのだが。チェーン鍵をかけておいたが見事、持っていかれた。

自転車同伴でエレベーターに乗る

ピジョン（中国製鳳凰）号、ビシクレータ・チーナ（中国製自転車）といえば全国共通の実用車だ。この自転車の地位はビシクレータ・ハポネッサ（日本製自転車）とビシクレ

ータ・クバーナ（キューバ製自転車）の中間に位置するのだが、数だけは圧倒的に多数である。

トランスポーテーションが大困難なキューバでは、最高の輸送手段のひとつで、ハバナ市民は前輪と後輪にひとつずつ鍵をかけている。僕のように夜間、往来に駐輪すれば、何本鍵をかけようが一〇〇％盗まれる。キューバ人は日中でも戸外には置きたがらないくらいだ。たいていの場合、部屋まで持ち込むし、野球場では観客席にまで持ってきて自分の目で見張っている。ビルの階上に行くのに自転車同伴でエレベーターに乗る。メーデーのデモ行進も自転車に乗ったままだ。

二五ドルで売られる盗難自転車

ストリートではそれでも毎日盗まれる。盗まれた自転車は、今度は旧市街で二五ドルで売られるのだ。僕の盗まれた自転車も、旧市街で二五ドルで売られているだろう。この還流システムは実によくできている。自転車泥棒は自分では決して乗らない。自転車はすべてが証明書付きであるため、証明書がない自転車に乗っているとすぐさま逮捕されてしまうからだ。

　そんな事情だから、誰がそんな盗難自転車なんか買うのかと思ったが、買ってみて盗まれてみてなるほど。もっぱら長期滞在の旅行者が買うのである。キューバ人は二五ドルも出して自転車など買わない。

　旧市街で声をかけてくる連中に自転車はあるかと聞けば、彼らは絶対に期待を裏切らない。旧市街の闇屋のネットワークは絶妙だ。彼らは網の目のように組織されている。ただでさえのアミーゴ社会なのに、闇屋となればその結びつきは広範かつ濃厚だ。彼らは何とかして自転車を手に入れてきて絶対に買い手に売り渡す。キューバにマフィアはないが、闇屋のシンジケートは完成している。

闇屋レネ

　街で声をかけてくる闇屋。彼らは法律に違反してアコギに儲けている悪い人には違いないのだが、もちろんそれなりに人の良い面も合わせもっている。自転車の商談にしろ、まず握手から入る。二度目に会ったときなどはすでにアミーゴ呼ばわりされる。もちろん、初対面からアミーゴ呼ばわりはされるのだが、二度目に会ったときには古い友達に会ったときのようななれなれしくも懐かしそうな親愛の情を示すのである。そしてヘタをすると尻の毛まで抜かれていくのである。

キューバは惜しみなく奪う。だけど普通の人にしても多少はワルである場合が多い。セコい、あるいはズルい、といった方が適切か。ワルい人も良く、良い人も少しワルい、僕がキューバ人を好きな理由は実はこれなのである。

闇屋のレネには、旧市街に散歩にでかけるたびに出会う。僕の二回目のキューバ旅行以来、なぜか毎年ばったり出くわす。彼は何も毎日一カ所にタムロっているわけではない。僕が出かける場所になぜかまろび出るのだ。プロの闇屋というよりは、一種のタカリ屋といってもいい。

旧市街にはこのテアイがゴマンといる。彼には初対面から数時間後に、どういう仕掛けか大枚持っていかれた思い出があるが、どうしても憎めないでいる。会おうとして会えない人は何人もいるが、会いたくなくても会ってしまうレネも、ワルいが人の良い典型的な闇屋だ。このタイプの不良とは、時間をともに過ごせば過ごすほど、僕のお金がなくなっていくシステムになっている。Ｎｏと言えない僕であった。

レネの「親切」

「ヘイ、アミーゴ。名前なんてったっけな。キューバにはいつ着いた。どうして電話してくれないんだ。電話番号持ってるだろ。俺のカミサンと娘もまたあんたに会いたがってるんだ。俺の家に来たことあったよな。コーヒーごちそうするよ。五〇セントでいいよ。いや、友達だからタダだ。今度はホテルはどこだ。またコリーナか。高いだろ。ウチは広いから部屋貸すよ。いいんだよ。友情だよ。そうだな一日五ドルってとこかな。ママがめし作ってくれるし。めしなんて一ドル半、いや一ドルだ。食べ放題だぜ。ハバナは何でも高いよ。ウチへ来いよ。そうだ女の子たちも呼んで海行こうよ、明日。約束がある？　ウソだろ。じゃ、今夜パーティーってのはどうだ。今夜も約束？　おいおいひどいじゃないか。久々に友達に会ったんだ。俺のことキライなのか？　時間つくってくれよ。いつならあいてるんだ。あさって。よしホントだな。一時にホテルの前で待ってるよ。あさって、一時な。忘れるなよ。じゃあな、アミーゴ！」

闇屋

ハバナの旧市街で友達呼ばわりされても振り返ってはいけない。そこには満面に笑みを湛《たた》えた魅力的闇屋がこっちをじっと見つめている

ハバナの旧市街を歩くと我々アジア人は必ず「チーノ！」と呼び止められる。中国人という意味だ。この言葉にはほかに小さくて目のつり上がった奴、という意味もあるが、東洋人である僕にはもっと直截《ちょくせつ》的に「中国人！」という意味で呼ぶのである。

「ヘイ、チーノ！」。または「アミーゴ！」といって呼び止められる。これは友達という意味だ。見ず知らずの外国人に向かって友達呼ばわりするとは、何てフレンドリーな人たち、と感激してはいけない。連中は一〇〇％下心をもってそう呼びかけてくるのだから。

もっとタチの悪い連中は「ヘイ、マイフレンド！」と最初から英語だ。もっとも彼らはマイフレンドの一語しか英語は話せない（場合が多い）。たとえ「チーノ！」「アミーゴ！」「マイフレンド！」と呼ばれても、一顧だにしてはだめだ。アミーゴと呼ばれて立

ち止まったが最後、そこには最初から交遊関係が成立してしまう。

ラテンアメリカでは友達の頼みを聞くのは日本でのそれ以上に当然だし、友達の家を訪問しあったり、食事をともにしたり、酒も一緒に飲むのは当たり前なのだ。この濃厚な付き合いが「アミーゴ」一語から始まるのだから、旧市街で外国人相手に一日中声をかけては無視されるのを繰り返していても、元が取れようというものだ。

旧市街の目抜き通りで一日中所在なげに腰掛けている連中は、実は所在なげでもなんでもなく、緻密に計算されたビジネス活動を行っているのである。儲かるものだから絶対にやめない。

旧市街を歩くと、去年僕を見たという彼らがまたぞろ声をかけてくる。あいかわらず闇屋なのである。お金持ちでお人好しという変テコな評価が世界中で定着してしまった日本人などは、恰好のカモというわけだ。「アミーゴ」と声をかけられ振り返ってしまった外国人旅行者は、可哀相にそれから五分でも一〇分でも自称アミーゴに付きまとわれることになる。旧市街に慣れるかどうかというのは、これらの声をいかに効率よく無視できるかどうかによる。無視に効率も何もない、と思われるかもしれない。しかし無視に効率はあるのだ。特にハバナでは。

キューバ映画の名作で『成功した男』というのがある。マチャードからバチスタにいたる独裁の時代、さらに革命政権にいたる時代まで、権力に媚《こ》び続けて世俗的な「成功」を獲得しようとする男の物語だ。

男が外遊から帰ってハバナに降り立つと同時に、子供たちがガムを求めて群がる。子供たちにガムをばらまきながら男は、キューバに帰ってきたことを実感する。僕にとっても「チーノ！」「アミーゴ！」「マイフレンド！」口撃はハバナを実感するよすがとなっている。懐かしくて思わず口もとに笑みが浮かんできさえする。しかし、徹頭徹尾無視するほかはないのだ。

タカリ屋

ディスコの前にはダンスの上手なタカリ屋が、革命博物館の前には革命史にくわしいインテリのタカリ屋が、大学の前には自称法学部の学生のタカリ屋がふらりと現れる。その時間と技術と情熱を、ほかのものに向ければ、彼らは絶対その分野でも成功をおさめるだろう。しかしそんなことは余計なお世話、好きこそものの上手なれである。

天賦の無邪気と邪悪。彼らのそれに境界線はない。そして無邪気な邪悪ほど魅力的なものも、この世界にまたとないのである。

新ラテンアメリカ映画祭 *Cine Cubano*

メキシコ、ブラジル、アルゼンチン、これらラテンアメリカの映画大国に風穴を開けるユニークな映画産出国、キューバ

キューバには意外と、ラテンアメリカで唯一とか初めてというものが多い。ラテンアメリカで唯一の社会主義国というのはいうまでもないとして、ラテンアメリカで唯一、国際映画祭を開催していることは、日本人にとって、カンヌやモスクワ、ロンドンのそれほどには有名でないかもしれない。

東京映画祭よりは少しくらいは有名で、コロンビア人の作家、ガブリエル・ガルシア＝マルケスやハリウッドの名優、ジャック・レモンなんかが常連になっている。アーノルド・シュワルツェネッガーが自家用ジェット機でやってきて一泊もしないで帰っていったといってハバナ中が大騒ぎになったりした。やっぱりキューバ人はマッチョが好きなのだ。キューバでの滞在時間約三時間。キューバでトランジットする飛行機はありえないか

ら、これは旅行者としての最短滞在時間として記録に残るだろう。

カストロの挨拶

いわゆるハバナ映画祭は、ラテンアメリカで唯一だから、正式名称はその名も「新ラテンアメリカ映画祭」という。「旧ラテンアメリカ映画祭」はどこでやっているのかと思ったら、旧はないのだそうだ。新しいラテンアメリカ、の映画祭という意味が込められている。

閉会式ではフィデル・カストロがひんぱんに挨拶する。神出鬼没を絵に描いたようなフィデルが顔を見せる貴重な機会でもある。フィデルの姿をカメラに収めようと、世界中のカメラマンが映画そっちのけで会場に詰めかけるのも毎回恒例になっている。しかし一九九四年の閉会式にはフィデルは来なかった。やはり神出鬼没である。

ハバナ国際映画テレビ学校

あるとき映画祭の閉会式でフィデルが挨拶の途中に急に思いついて、こう付け加えた。

「今、思いついたのだが、キューバにラテンアメリカで最初の映画学校を作ろうと思う。ラテンアメリカ中から学生を入学させよう」。

その話に賛同したジャック・レモンがその場で二万ドルの寄付を申し出たというのは、出来過ぎているとしても、感動的なエピソードだ。ハバナ郊外の校舎は労働者たちのボランティアで突貫工事。さっそくその次の年には最初の学生が入学している。所有・運営しているのは、マルケスが理事長を務める新ラテンアメリカ映画基金。初代校長はアルゼンチン人のフェルナンド・ビッリ。つまりキューバ国立ではない。

この基金、そしてこの学校、鳴り物入りで始まったのは良いが、世界的に映画産業が低迷しているために、それほどうまくはいっていないらしい。当初一学年二百名が入学していたのに比べると、今は八割減の一学年二〇余名。修業年限も三年から二年に短縮されてしまった。

マルケスは自分の印税を毎年何十万ドルもつぎ込んではいるものの、ほかの理事たちはマルケスにぶら下がっているようなもんだ、と手厳しい映画人もいる。世界中の映画産業が不況という要因も手伝って卒業生からはこれといった逸材が出ず、財政は赤字、理事たちは不良、マルケスが投げ出したがっているのもうなずけなくもない。

学校はサンアントニオ・ロス・バニョスという、ハバナからタクシーでぶっ飛ばしても三〇~四〇分、三〇ドルはかかる田舎町にある。学生はほとんどが外国人なのに、地元には外貨を使えるレストランやショップは一軒もない。学生たちは毎日ハバナとの間を一往復している学校のバスを利用して、遊びに出かける。最初はラテンアメリカや第三世界の学生だけだった映画学校も、今では定期的に日本人学生を採るようになっている。穿《うが》った見方をすれば、日本のヒモ付き援助を狙っているのかなとも思えてしまう。

ハリウッド・メジャーに対抗してイタリアン・ネオリアリズムを標榜するこの学校は、カンヌ映画祭でロッセリーニ賞（映画作品そのものではなく、映画にまつわる事業に授けられる）も受けているし、卒業後はイタリアのチェントロ（国立映画実験センター=ネオリアリズム発祥地）に進むことも可能だ。

学校で日本人の女子学生の話を聞くと、入学後はスペイン語の、しかもテクニカル・タームの壁との闘いに最大のエネルギーを消費しているという。スペイン語圏出身の一番成績の悪い学生に追いつくことさえ容易ではない。ラテンアメリカの学生は母国に帰ると、明日から映像の世界の第一線で活躍できるが、日本の場合、そういった受け皿はない。ラテンアメリカ特有のマチスモ（マチズム。いわばマッチョ主義）の伝統により、日本から来た女子学生はちやほやされるが、アフリカ出身の男子学生は言葉もできず、甘やかしてくれる仲間もできない。

学生が減ったために寮ではエアコン付きのワンルームを独占。売店完備、三食付き、シャワーは何とお湯が出るし、洗濯機すらある。広いプールもある。二年間の学費はタダで、必要なのはキューバ行き往復航空券のみ！

僕はそのとき宿泊していた、革命広場横の断水あり、エアコンなしのホテル・ブルソンと比べて大いにうらめしく思った。むろん素質のない者は、いくらキューバが好きでこの学校を受験しても一〇〇％必ず、落ちる。せっかく入学した彼らがここをドロップ・アウトしていくとすれば一番多いのは、男女問題のもつれか、南米から来た学生が持ち込むドラッグによるというから、いかにもラティーノらしい。

イタリアン・ネオリアリズムならぬフレンチ・ヌーベルヴァーグで、勝手にしやがれ！だ。

カーニバル

Carnaval

キューバ人は江戸っ子のようだ。
カーニバルが近づくといてもたってもいられなくなる。
観衆の前で踊ること、それは一世一代《いっせいちだい》の晴れ舞台でもある

カルナバル、英語ならカーニバル、日本語だと謝肉祭、か。謝肉祭だとなんとなくイメージがカーニバルとは結びつきがたいが、要するに宗教的なバックボーンを持った祭りのことで、歌って踊るだけではない。脈々と続く歴史があるのである。

カーニバルといえばリオ。ブラジルである。半裸のダンサーが豪華絢爛の衣装に身を包んでサンバに興じ、小山のような山車《だし》が街を練り歩く様子が目に浮かぶ。他のラテンアメリカでも大なり小なりのカーニバルが開催されていて、キューバもそのうちの一国である。

キューバ東部、サンティアゴ・デ・クーバのカーニバルは七月下旬。一九五三年、カーニバルの最後の日、七月二六日にフィデル・カストロらがサンティアゴのモンカダ兵営を襲った。お祭り騒ぎで浮足立って酔っぱらい、士気の低下しているはずの兵営を襲撃したのである。結果はご存じの通り、大失敗。兵士らの多くは虐殺されたが、カストロらはピノス島の監獄（現在の「青年の島」。監獄はフィデル・カストロの入れられた独房も含めて見学できる）に送られ、出獄後、メキシコに亡命して捲土重来《けんどちょうらい》を期すのだった。モンカダ襲撃以後、カストロらの活動は七・二六運動と呼ばれる。キューバでは、カーニバルと革命記念日は切っても切れないのである。

民族で色分けされるカーニバル

ブラジルでサンバがポピュラーなように、キューバではサルサのリズムがカーニバル全体を貫く、のかと思ったらちょっと勝手が違った。街ごとに集まったダンスチームが、次々とステージとなる中央公園前の道路で踊りを披露するかたちの小規模なものだが、街全体はワクワクするようなうわついた雰囲気に包まれている。少女たちは祭りの化粧をしてドレスアップしているし、ストリートには何かヒラヒラした飾りつけが施されている。

圧倒的に黒人の比率が高いサンティアゴ・デ・クーバのカーニバルでは、テーマはずば

ハバナのカルナバリート（小カーニバル）の子供仮装大会。
優勝と準優勝はもちろん日本製ドラマの「おしん」が独占

り、アフリカであった。洗練されたサルサのリズムとは程遠い、鍬《くわ》のヘッドをスプーンか何かで叩きつける土俗的な旋律は、「アッフリカ、アッフリカ、アッフリカ」という連呼によってメロディを付与される。ハバナと違ってオリエンテ（東部）、特にサンティアゴ・デ・クーバやさらにグアンタナモは白人の比率が低く、カーニバルでは特にその傾向が顕著にみられる。またグアンタナモでは黒人の九〇％以上がハイチからの移民であるため、音楽に舞踊に独特の傾向がみられるようだ（しかし、かといってキューバにブードゥー教徒はいない）。ここではカーニバルも他の都市より一カ月以上も遅れて、九月に入ってから催される。

　ハバナではここ数年、物資不足を理由に中止を余儀なくされているが、革命勃発の地、サンティアゴ・デ・クーバでは一九九三年に復活。以後毎年開催されている。

　キューバ人は本当にカーニバルが好きだ。待ち遠しくてうずうずしている。待ちきれなくなって踊りだし、パレードが終わったあとも踊り足りない。サンティアゴ・デ・クーバでは、カーニバル帰りの男女が街を歌い踊りながら歩いている光景によく出会う。

　キューバ人は空間と音楽があれば、いつまでもどこまででも踊りつづけることができる希有な国民である。

彼らは音楽さえあればいつでもどこでも踊りだす。いつまでも踊りつづける。どこまでも踊りつづける。

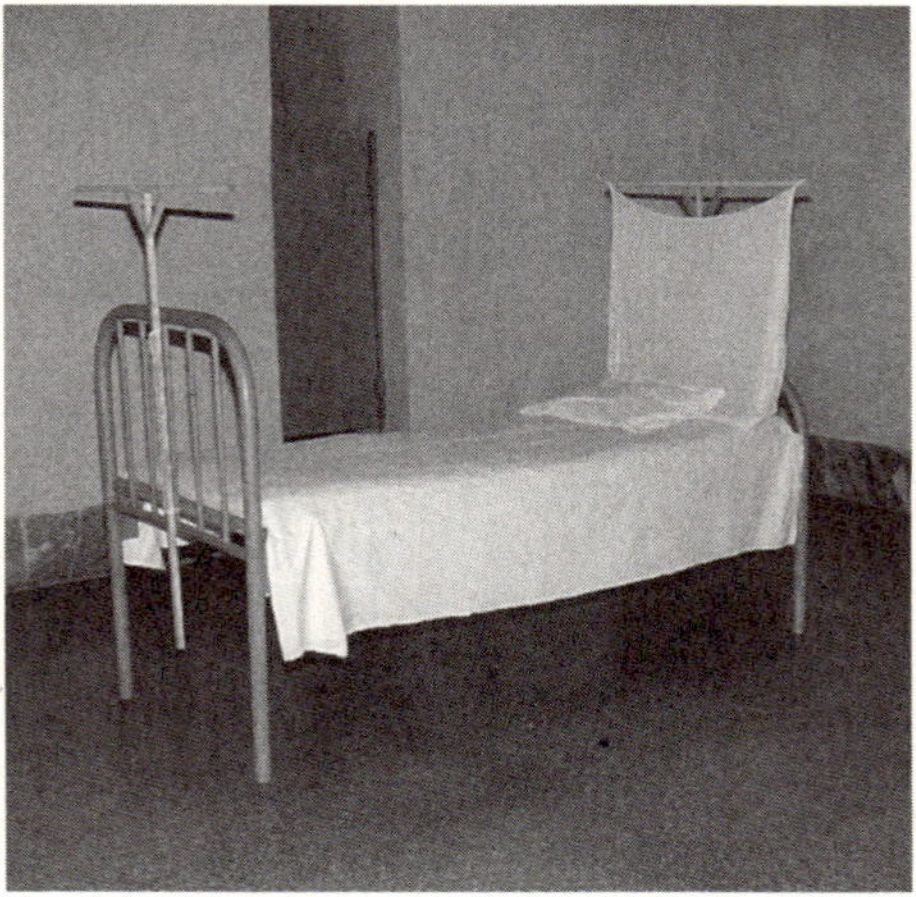

青年の島の監獄にて。
フィデル・カストロの
収監された独房

ラム酒

Ron

お洒落なスピリッツとして世界中で愛飲されているバカルディ・ラムも、もとはといえばキューバの国民的飲料である

キューバ人の甘いもの好きは世界一だ。お猪口《ちょこ》のようなコーヒーカップに砂糖を必ず三杯は入れる。こってりと濃いキューバコーヒーに、砂糖三杯である。僕は大好きだが一日にそう何杯も飲めるものではない。

最近ではアトゥウェイ（HATUEY）というキューバビールが日本でも飲めるようになった。僕は世界一美味いビールだと思うのだが、これも少し甘い。ラベルを見ると原材料の欄に麦やホップと並んでサトウキビと読める。実にコクのある逸品なのだ。

ラム酒。これはサトウキビから造った酒だから当然甘い。香りからして甘く、キューバの空気にはラム酒の匂いが欠かせない。

キューバ国立民俗舞踊団のダンサーが来日したとき、彼らは驚いたことにデモンストレ

ハバナ・ビエハの入口に位置するフロリディータ。
糖尿《とうにょう》気味のヘミングウェイは砂糖抜きのダイキリを愛飲した。今でもある

ーションの会場じゅうにラム酒を撒いた。会場中に甘い香りが立ちのぼり、誰もがみな酔った。砂糖とキューバ人の生活とは切っても切れない関係にある。モノカルチャーで国の第一の産業だから当たり前。そしてそれは信仰の域に達している。

ガラスの破片か何かで指を切った女の子が、見ず知らずの家に飛び込んでその家から砂糖をもらい、傷口にまぶしたのを見たときは呆れた。傷に塩というのは逆効果だが、砂糖も似たようなものだろう。血は次第にポタポタとしたたるほどになり、結局、彼女は病院に駆け込んで手当てを受けた。本当に砂糖で治ると思ったのだろうか。

またあるとき、僕は風邪をおして歩きつづけたために、道の真ん中で気分が悪くなってしゃがみこんでしまった。それを見ていた近所の親父が、入っていけ、座っていけ、休んでいけ、ととても親切にしてくれたのだが、そのとき出してくれた水には、何とコップの半分ぐらいまでドロリとした粗糖が溜まっていた。「砂糖は風邪に良い」というのだ。

キューバ人のスピリッツとしてのラム酒

カリブの気候はサトウキビの栽培に適しているらしく、カリブ海地域のどの島でもサト

刈り入れ後のサトウキビ畑

ウキビがとれ、どの島でもラム酒の生産を行っている。

ラム酒の本当に美味い飲み方は、ボトルの中に更にサトウキビの芯をつっこみ、ひたして飲むというやり方である。田舎では人々は必ずマチェテ（サトウキビの収穫に用いる短刀）の一本ぐらいは持っていて、自転車でサトウキビ畑まで行って勝手にサトウキビを一本失敬し、それを持って帰って茎を削《そ》ぎ、ラム酒の瓶に入れる。甘い酒がさらに甘くなる。そして最後にその芯を取り出して噛むのである。サトウキビに始まってサトウキビに終わるやり方だ。

古くからサトウキビのモノカルチャーと共に生きてきたキューバではむろん、国民的スピリッツとしてラム酒の生産が行われ、かつ飲まれていたが、キューバ人は老若男女を問わず、ラム酒は生《き》でやるものと決めている。グラスに少量注いで、それを一気にあおるのである。

栓を開けて、その上澄みをほんの少し地面に捨てるという世界共通のスピリッツの伝統（韓国の仁露焼酎やメキシコのテキーラ、ロシアのウォッカにも見られる）は、キューバでも生きている。二～三杯飲んでも平気で車の運転ぐらいはやってしまう。ハバナの中心街の海岸沿い、マレコン通りを歩けば、ガードに腰掛けて昼間からラム酒を回し飲みしている若者たちに必ず出会えるはずである。一年中強烈な太陽が照りつけるキューバのことである。ラム酒のアルコール分もすぐに体内で燃焼してしまうのかもしれない。

ヘミングウェイが愛したラム酒

かつてアーネスト・ヘミングウェイは、キューバの首都ハバナ市の郊外の高級別荘地に豪邸を建てて移り住んだ。現在はヘミングウェイ博物館になっている。この邸宅で彼は、朝五時に起きてタイプライターをたたき、午後は酒を飲みながらプールで猫たちと戯れ、ニューヨークの編集者から逃れて優雅にカリブのひとときを過ごすかたわら、ヨットで海に出てカジキマグロを釣ったり、旧市街に出てフロリディータやボデギータ・デル・メディオというようなお気に入りのバーで、ラム酒のカクテルを何リットルも飲み干したりしていた。

オールド・ハバナの入口とでもいうべきロケーションに店を構えているシーフード・レストランのフロリディータでは、ヘミングウェイの座ったカウンターの一番奥の席を、チェーンを張って保存してあるし、頭上にはヘミングウェイの胸像が置かれている。また、もう少し大衆的な雰囲気の居酒屋、ボデギータの方では、ヘミングウェイの肖像写真やサインを額に入れて飾ってある。

額には「ダイキリを飲むならフロリディータ、モヒートを飲むならボデギータ」というようなことがヘミングウェイの直筆で記されている。どちらの店も観光客の人気の的で、観光立国を目指すキューバの文字通りのドル箱になっている。ヘミングウェイが示すまでもなく、フロリディータはダイキリ発祥の店（発明者はダイキリ鉱山の鉱夫たちらしい）といわれ、ボデギータはモヒートの老舗《しにせ》である。

〝バカルディ〟の運命

話は一九四〇年代のことである。当時も代表的なラム酒といえばバカルディをおいてほかにない。ヘミングウェイもバカルディを愛飲していたと思って間違いないだろう。現在は例えば〈バハマ・ナッソー〉などと、その生産地がラベルに打ち込まれているバカルディだが、その頃はスペインからキューバに渡ったドン・ファクンド・バカルディが一八六二年に創業した、キューバの代表的なスピリッツだったのである。

ハバナ郊外マリーナ・ヘミングウェイでの釣果《ちょうか》の計量。
ここではヘミングウェイのそっくりさんが働いていた。
あだ名はその名もパパ

一九五九年一月一日のカストロらの革命によって、多くの資本家が米国に去ったが、ほどなくバカルディも商標とともに国外に去ることになる。メキシコ・シティの酒場にもバカルディがわがもの顔で並べられている。メキシコ人はバカルディといえばメキシコの酒だと思っているのである。

バカルディは現在、本社を英領バミューダのハミルトンに移したが、プエルト・リコ、バハマ、メキシコ、ブラジルなど世界九カ国に蒸留所を所有、世界中で販売を行っている。その後もキューバのラム酒は、バカルディの工場でキューバのサトウキビを使って生産され続けているが、名前はハバナクラブと改めざるをえなかったのである。

晩年のヘミングウェイはフィデル・カストロをおおいに気に入って、革命後のハバナを訪れてもいるし、フィデル・カストロと会ってもいる。また相変わらず海釣りに興じたりもしているのだが、残念ながらバカルディの方は、フィデル・カストロを気に入らなかったらしいのだ。

バカルディという名前は、現在のキューバにおいて、サンティアゴ・デ・クーバのバカルディ博物館に残されているのみである。

バラデロ・ビーチ

Varadelo

キューバ随一のビーチ・リゾート。ドル箱観光地にはキューバ人不要？

キューバ在住六〇年の日本人一世仲曽根幸春さんは嘆いている。「バラデロといやあ、あんた、世界で一番美しい海岸なんだ。それがキューバ人はいらないというんだからなあ」

バラデロは世界で唯一、二五キロメートルに渡って直線の白い砂の海岸線が続く、美しい美しい美しいビーチ・リゾートだ。コロンブスがキューバを「地球上で一番美しい島」と呼んだのは有名な話だが、中でもバラデロはキューバ観光立国の目玉商品なのである。地球上で一番美しい島の一番美しい海岸なのだ。

超高級リゾート・ホテルが林立し、世界中から観光客がやってくる。カナダやヨーロッパからは、ハバナに寄らずにバラデロ空港に直行する便も多い。観光立国を目指すキューババ政府にとって、まさにドル箱観光地の名をほしいままにしている。キューバ人立入禁止、というわけではもちろんない。しかし、外国人用の観光地であることも厳然たる事実である。仲曽根さんはそのことを嘆いているのである。

数年前まで国民的観光地だったのに、外国人旅行者用になって行けなくなったなんて場所もキューバには多いのだ。ビーチにはキューバ人の姿はあまりなく、ヨーロッパからの観光客が貴重な太陽を楽しんでいる。

観光客を手玉にとる天才的キューバ人

それでもホテルの入口付近やビーチから少し入ったストリートには、タカリ屋や女たちが群がる。キューバに限らず世界中で一般的なことだが、観光客あるところにワルあり、である。観光地で親しげに話しかけてくるキューバ人を一般的な庶民と思ったら大間違いなのだ。

観光地で観光客に接近してくるキューバ人は、少なからず下心をいだいて近寄ってくる。あからさまに現金だったり、さりげなく現金だったり、あわよくばいずれ何か買って

ランプを前に記念撮影。仲曽根家の停電

もらう腹積もりだったりと、手法はさまざまだが、十中八九、何らかの金銭的価値が目的である。

彼らの自然な振舞いはたいていの場合天才的ですらある。彼らは今のキューバはモノがないだの、大学を出たが仕事がないだの、自由がないだの、それは政府のやり方が間違っているせいだだの、観光客の耳に心地よい、先入観に沿った答えをべらべらとしゃべりまくってくれる。「うーん、そうか、やはりな」などと観光客は庶民のナマの声にふれた気になって、意気投合し、家に招かれてキューバコーヒーなどを御馳走になり、物資不足のキューバでおごってもらったぜ、などと有頂天になる。そのくせ別れる頃には生活を理由に一〇〇ドルも巻き上げられていたりするのだ。

「彼らは困難に直面している、仕方ない」と思って納得したつもりになるのだろうが、実際は、一般的な庶民は平日の昼から働かずに観光地に出没したりはしない。苦しい、たいへんだ、などと困難を売り物にしない、プライドの高い人々である。本当の庶民は観光客との接触など望みもせず、地道に仕事に精を出しているものだ。

この世の楽園。キューバ人しかいないナンバーワン・ビーチ

バラデロ海岸は広くて美しい。そしてどこまでも続く。ビーチをひた歩き、レンタバイクでも借りてストリートを散策するとこの世の楽園を実感する。もっともサンティアゴ・デ・クーバの住民はバラデロなんてダメだ、バコナオに行け、というし、グアンタナモの人はバコナオもいいがバラコアがイチ押しだ、という。オルギンにはオルギンの、ピナル・デル・リオにはピナル・デル・リオのナンバーワン・ビーチがある。キューバは島国なのだ。そしてそのどれもがバラデロより数倍美しいことになっているのだから困る。キューバ人はルーツを大切にし、故郷の山野を人一倍愛する。

僕もいくつかの国々を旅した。泳ぎは嫌いだが、ビーチは大好きな僕はその国のナンバーワン・ビーチにはたいてい顔を出しているつもりだ。発展途上国に見られるように、その国の庶民が行けないビーチはあまり僕にとって魅力がない。僕にとってキューバのナンバーワン・ビーチは、ハバナのマレコン通り沿いの、むき出しになったただの岩場だ。むろんそこにはキューバ人しかいない。

キャバレー・トロピカーナ
Cabalet Tropicana

主に男性観光客を圧倒する舞台は、一流の舞台監督に一流のダンサーが作る豪華絢爛《けんらん》なスペクタクル

キューバのキャバレーは日本のそれとはずいぶん異なる。要するにナイトクラブのことで、ヨーロッパのキャバレーも似たようなものだろう。しかし日本のナイトクラブとも違っていて、要するにショーを観ながら飲食するレストラン・シアターである。日本のキャバレーは、タイやフィリピンでいうところのゴーゴー・バーのようなものである。つまり女性による接待がポイントとなる。

当然のことだが、国が変われば同じ名前でもモノが違い、名前が違ってもモノが同じだったりする。ちなみにスペイン語では妻あるいは夫のことを手錠（妻はEsposa、夫はEsposo）と呼ぶ。言葉づかいというものは、なかなかに奥深いものなのだ。

超一流のドル箱観光スポット

ハバナにキャバレーは数あるが、中でもキャバレー・トロピカーナはキューバが誇るドル箱観光スポットだ。観光で訪れるほとんどの旅行者はここに行く。僕も行った。

一流の舞台監督に一流のダンサーが作る豪華絢爛なスペクタクルは、なるほど観る者をうならせる。三〇〇人以上を収容する野外劇場で、六〇年を超す歴史を持つ。つまり革命前どころか第二次世界大戦前からの名門キャバレーというわけだ。

場内は扇形にテーブル席が展開していて、ステージ・サイドのE席（英語圏ではS席だが、スペイン語ではエスペシアルだからEになる）からA席、B席まである。ショーは一〇時過ぎから始まって、おしまいは深夜〇時にもなる。以前はこれに深夜一時過ぎからのミニ・ショーもある二本立てだった。トロピカーナは旧市街からも新市街からも遠いマリアナオという場所にあるので、二本のショーを観るとホテルに送り届けられるのは深夜三時ころになる。

恥ずかしながら、僕はキューバに行くたびにトロピカーナに行っている。もう六回になる。ミーハーなのである。

疑う余地のない貧乏旅行者で、一ドルや二ドルをケチって延々と歩くことも辞さないが、行くときゃ行くのである。行くたびに入場料が値上がりするのみならず、カメラを使用したら五ドル、ビデオカメラは一五ドルと、キューバの経済が苦しくなるにしたがって、どんどんえげつなくなっていく。何しろドル箱観光スポットなのだ。今ではサンティアゴ・デ・クーバにも同じ名前のキャバレーが誕生しているぐらいだ。実はそこにも僕、行きました。

トロピカーナのダンサー。「女は娼婦、男はオカマ」?

ドル箱観光スポットだから、ペソでは入れない。ペソで入れることにするとキューバ人で満員になってしまう。それではつまるところ、ペソ箱観光スポットになる。

キューバ人で入場しているのは、出演者の家族や外国人観光客にくっついてくる女の子ぐらいだ。これはひと目でわかる。

ショーが終わると、フロアはディスコに早変わり。今度は観客が踊る番だ。面白いの

キャバレー・トロピカーナのダンサー

は、ついさっきまでステージで、凄い衣装、凄いメイクで踊っていたダンサーが私服に着替えて登場することだ。仕事で踊り、仕事のあとでもただ踊りたいがために踊る。キューバ人、特にムラータ（混血）や黒人は本当にダンスが好きだ。すかさずイタリア人観光客が誘い、踊ったあとはテーブルで一杯おごってもらっている。ハバナっ子は皆、冗談半分本気半分で「トロピカーナのダンサーは、女はヒネテーラ（「娼婦」の章参照）で男はオカマだ」という。

〝革命的〟観光客の憤《いきどお》り

堀田善衛はキューバ旅行記の古典ともいえる『キューバ紀行』でトロピカーナについて触れていて、昼間銃を持って職場を警備していた女性民兵（一九六〇年代にはまだアメリカ合衆国や、革命に反対する勢力があちこちで破壊活動をやっていて、民兵はそれに対し防衛活動をしていたというわけだ）が、夜になると半裸でステージで踊っていることに驚いていたが、時代は移り変わるもの。今の時代、観光スポットに革命的なものを期待しても虚しくなるだけだろう。また、キューバにはれっきとした革命的観光スポットもちゃんとあるじゃないか。アメリカ合衆国から来たある革命的観光客（キューバ革命に共鳴して当地を訪れる観光客）が「ホセ・マルティ空港の入国者を迎えるフロアでプロモーション・ビデオが放映されているだろう。あれはセクシーすぎる」と憤っていた。

ハワイやサイパンにでも行くような気分で、キューバを訪れる人々が増えてほしいとさえ僕は思う。キューバはそれを望んでいるし、それでもキューバのためになるからだ。キューバはこうあるべきだなんて、キューバ人以外に誰にも主張する権利はない。

娼婦

Prostitute

ここでは食べていくために売春する女はいない。しかしディスコの前ではきょうも熾烈《しれつ》な疑似恋愛が繰り広げられる

娼婦を表す単語はいろいろある。キューバでは一〇種類以上もあるらしい。これはそれだけその世界の奥が深いということを意味する。プロスティトゥータ（売春婦）とかプータ（売女）などといった呼称が代表的だ。五番街（キンタ・アベニーダ）がそのメッカなので「五番街の花」なんてロマンチックな言い方もあるそうだ。

有名なマレコン通りで、はっとするほどのキューバン・ビューティがボディコン・へそ出しルックでヒッチハイク（ハバナでは日常的な交通手段である）をしていても、彼女はキューバ人の運転するソ連製ラッダなんかには乗らない。レンタカーか外資系企業ナンバー、外交官ナンバーの車を釣っているのだ。その車はつまりドルを持っている人が運転している。

娼婦。まだあどけない

ヒネテーラとヒネテーロ

それほど直截ではないが、これにヒネテーラというのが加わる。これは〃外国人と取り引きする者〃から転じたコトバだ。プロスティトゥータというのが売春のごく直截的な謂《いい》であるのに対し、ヒネテーラは男に近づいて寝ワザに持ち込み金品を巻き上げる女のことを言う。

ヒネテーラがあるのなら男性形のヒネテーロもある。これは女に近づいて……、以下同様。

いずれも昨今の経済困難から、外国人が狙い撃ちされる。有名なディスコの前には連中が何十人もたむろして、外国人が来場するたびに「私を連れて入って」攻撃を繰り返すのである。この作戦は意外とうまくいっていて、ディスコのフロアにはキューバの女の子や男の子を連れたヨーロッパ人でいっぱいだ。ただ単にディスコで踊りたいがためにディスコに行くという奇特な人種もいるにはいるが、そこで美酒を召し、お食事もし、その後ベッドを供にし、代償に何か買わせようという魂胆なのが十二分に伝わってくる。

マレコン通りで客待ち

何しろ連中はプロないしセミプロである。それでもご一緒する観光客の方も、下心でいっぱいなのである。翌朝、ホテルのレストランには、朝食バイキングをつつく彼ら即席カップルの面々が何組も見うけられる。

観光とは欲望と資金のジレンマ

サンティアゴ・デ・クーバはキューバ第二の都市である。第二の都市とはいえ、この街の観光業はまだそれほど開発されているとはいえず、ハイシーズン以外は観光客もそれほど多くはない。それでいてこの街にもヒネテーラはいるのである。

ファッション・ショーのアトラクションが有名な「クラブ・ラ・メソン」の前の歩道では、数十メートル手前から彼女たちが東京サミット（古い！）の検問よろしく、ひとりの観光客も素通りさせまいと待ち構えている。

オリエンタレス（オリエンテの人々、つまり東部の人）の攻撃の熾烈さはハバナの比ではない。なんせサンティアゴくんだりまで足をのばす観光客がそもそも少ないのだ。観光客は少ないが敵は大挙して待ち構えている。勝ち目はない。

僕は彼女たちに捕まってはたいへんと、反対側の歩道からUの字を描くようにラ・メゾンに入るという手法まであみだした。そうまでしてナイトクラブに入る観光客もいないだろうが、そこは日本人、一旦捕まるとNoと言えないのだから。何杯もおごらされて挙げ句に押し倒され、何十ドルもふんだくられるのだけは避けなければ。

僕はケチである以前に貧乏なのだ。だったらナイトクラブになど行かなければ良いのだが、僕は貧乏である以前に観光客なのだ。観光とはジレンマである。

「僕のホテルは外国人用だからキューバ人は客室には入れない」

「ドアボーイに二〇ドル渡せば大丈夫よ」

とほほ。さすがに向こうもプロである。

彼女たちの攻撃は、入るときだけと思ったら大間違い。帰りももちろん待ち受けている。

「一ドルちょうだいよ。一ドルなんてあなたにはどうってことないでしょ。私には子供がいるのよ。子供にコカコーラを買ってあげたいの（日本人はこれに弱い）」

「コカコーラは子供に毒だ」

「違うのよ。ミルクよ。ミルクを買うの。ねえどこに行くの。一緒に連れてってよ。あなたの部屋に泊めてくれない？」

早足で歩いている僕と同じスピードで歩きながら、立て板に水といった感じで言葉の弾丸を叩きつけてくる彼女らをだまらせるには、とりあえずいう通りにするかあるいは、「ごめん。俺、ゲイなんだ」と言うしかない。これが意外とキク。

マレコン通り

Malecon

僕にマレコン通りのことを〝男娼通り〟と教えたのは誰だ？

ハバナの旧市街と新市街を繋ぐ風光明媚な海岸通りは、マレコン通りと呼ばれる。ハバナ湾を囲んで弧を描く大通りは、旧市街側はモーロ要塞（スペイン植民地軍がハバナ防衛のために建設した要塞。世界遺産条約の遺跡にも指定されている）をのぞむ一角をスタートラインとして、新市街側では〝一八三〇〟という名前のレストランを終点とする数キロメートルの道路だ。

その向こうはミラマールという高級住宅街へ続くトンネルになっている。徒歩で踏破すると約一時間。沿道にはアメリカ合衆国利益代表部や、ホテル・ナシオナルなどの重要な施設やホテルがある。

ラテンアメリカやスペインなどでも海岸通りのことをマレコンと呼ぶようだが、ハバナのそれはハバナっ子の自慢の種だ。一二月、一月のいわば冬の季節には、ハバナ湾から打ち寄せる波が数メートルにもなって通りを水浸しにする。猛暑の夏には、男も女も水着一枚で通りを歩き、防波堤からザブンとハバナ湾に飛び込んだりする。

いいかげんな日本の大新聞の記事

マリコンというとこれはオカマのことで、日本の大新聞社の新聞などもマレコン通りを「男娼通り」と訳していたりするが誤訳だ。新聞で読んだものだから、僕もしばらくは「男娼通り」だとばかり思っていた。あやうくだまされるところだったぜ。

そういえば、マレコン通りの防波堤に腰掛けている無数のハバナ市民の中には、オカマっぽいのが多いな、とさえ思わされてしまうのだから僕も相当にヤキがまわっているが、新聞記者の言い分なんて信じるものじゃない（もちろんマレコン通りにはオカマもいるにはいるが）。マレコンはL、マリコンはR、というわけで、日本人の場合、その発音の区別がなかなか難しいのだ。

そもそも日本の新聞がキューバについて書くときのいいかげんさは、一度誰かが指摘し

マレコン通りの突端にハバナの象徴であるモーロ要塞《ようさい》がある。灯台は今も現役

なければならないだろう。

カストロ首相と弟のラウルが撃ち合いをやってどちらも負傷した模様、なんて大嘘報もあった（朝日新聞）。もちろん訂正記事なんて出ない。キューバのできごとにまで読者の手が届かないからだ。フォローし続ける個人も団体もない。ある意味で報道被害ではないのか。

庶民の憩いと喧騒《けんそう》のマレコン通り

このマレコン通りは観光道路であるとともに、庶民の憩いの場でもある。黄昏《たそがれ》どきともなると恋人同士が海を見つめながら寄り添い、夕風に吹かれながら家族連れが美しいサンセットを眺めている。のんびりと釣り糸を垂れるフィッシャーもいる。

僕の下宿先の一家には夜、停電になると家の中にいても仕方ないのでマレコン通りに出かけるという習慣があった。停電でなくても、夕暮れ後のマレコン通りは人でいっぱいだ。特にバカシオネ（バケーション）のシーズンともなると、防波堤に腰掛けた人々が鎖状になって延々と続いているのが見られるはずだ。少なくともマレコン通りの街灯だけ

12月のハバナ湾は波が高い。マレコン通りも波しぶきに
洗われる。だからコンクリートもすぐ傷む

マレコン通りからジャンプ。
真夏には我慢《がまん》できずにみんなマレコン通りで泳ぎだす

は、節電はあっても停電がない。

観光客が通るとひっきりなしに闇屋やヒネテーラが声をかける。声をかけるだけでなく、くっついて離れないのが厄介だが。

パトランプを点灯させたパトカーがゆっくりと行ったり来たりしている。キューバでは人集まるところ警官あり、が常識だ。バス停の混雑さえ警官が整理していたりする。

「キューバ人は警官がいないと何もできないのよ」、とは下宿のおばさんの言だ。

マレコン通りはキューバの縮図だと思う。大人も子供も、白人も黒人も、男も女も、いい奴も悪い奴もこの通りを愛している。何はなくともハバナの象徴である。この通りをひと歩きするだけで多くの友達ができる。この通りを歩くだけで、何十ドルもせびり取られたりだまし取られたりする。

マレコン通りに馴染《なじ》めるかどうか、それがキューバを好きになるか嫌いになるかの分岐点だろう。

恋人たちの憩いの場でもある

成人式

Adults Day

洋の東西を問わず、大人のヤルことをまねするのは大人になる前と相場が決まっている

キューバでは、女子は成人式を一五歳の誕生日に迎える。その日からは、酒も煙草も恋愛も、大人のしていることはたいていは許される。なぜ一五歳なのか。何か理由はあるのだろうが詳しくは知らない。しかし、早熟なキューバ人のこと、一五歳がもっとも輝く年齢なのである、と考えても間違いではないだろう。

お酒も煙草も経験済み？

成人式といっても、日本のように式典があるわけではない。着飾ってホテルや観光地や写真館で記念写真を撮影し、家族でケーキを囲んでお祝いをするというものである。

成人式の少女とひとつ年上の姉

夜には親戚や近所の人々を招いてパーティーが盛大に催される。この日から大人の仲間入り、といっても混血が進んで肉体の成熟は日本人とはくらべものにならないキューバ人のこと、ティーンでも大人びていて、それまでに酒も煙草もそのほかのこともたいていは経験済みなのだが……。

とはいえ、一五歳の誕生日が、女子にとって初めてのビッグイベントであることは確かだ。一五歳未満で結婚式をあげる場合を除けば。

無類の写真好きなキューバ人

この記念撮影というのが、今のキューバではとてもたいへんだ。カメラマンはたいていの場合、ドルで払ってくれる客を優先するし、カラー写真は当然ドルでしか注文できない。キューバ・ペソでは、せいぜいモノクロ写真一枚ぐらいしか撮ってもらえないはずだ。一番輝いているときの写真が一枚もないか、一枚しかないというのは、後々淋しいことだろう。そうでなくてもキューバ人は無類の写真好きなのだ。

写真を撮られる機会が少ないから撮られると大喜びするのか、そもそも写真好きなのか

写真撮影に出発

は僕にはわからない。同じスペイン語のメキシコでは「一《ウノ》、二《ドス》、ウイスキー」というコトバがある。日本でいう「ハイ、チーズ」である。しかし、キューバではこのコトバは存在しない。

僕は写真を撮るときに、キューバの人々を無理に笑わせたことは一度もない。カメラを向けただけで、老人もどんな小さな子供も爆発的な笑みをたたえてくれる。小学校へも上がっていないような少女でも、トロピカーナのダンサー顔負けのポーズをキメる。

ハバナには世界中の写真家が集まってきていて、街で出くわす日本人もやたらとカメラマンが多い。写真の技巧を発揮するよりも、天然にフォトジェニックなこの国の自然と人となりを記録するだけで、写真集の一冊もできあがってしまうだろう。

誕生日の夜

成人式の夜、パーティーは夜更けまで続いた。男たちはドミノに興じ、少年少女は踊りに酔った。女たちは何をしているかと思ったら、キッチンで井戸端会議に余念がない。

この日のために調達されたビールは尽きることがなく、ラム酒はなくなればどこからか補充された。

　少女たちはラムをボトルごとストレートでまわし飲みしているのだが一向に酔う気配がなく（もっともキューバ人で日本人型の酔い方をする人はあまりいない。吐く人もほとんどいない。赤くなる人はひとりもいない）、僕はラムの水割りを飲んで笑われた。

「おいしく作ってあるお酒を、どうしてわざわざ薄めるのよ」

　ここでは一五歳を過ぎて恋人のいない女は魅力のない女だ。彼女はさっそく同い年のボーイフレンドをパーティーに誘ったが、キューバでも思春期の男の子はまだとても子供っぽい。それでも明日からの彼女には、ハリケーンのようなカリブ式恋愛の日々が待ち受けている。やれやれ。

トイレ事情

The Toilet

便座のないトイレに慣れてくると、今度は逆に便座のついた便器が不合理な存在に思えてくる

発展途上国を旅行するとき、その国のトイレ事情は重要な旅行情報となる。誰もがトイレで苦労する。世界一清潔好きな日本人の利用に耐えるトイレは、日本以外の場所ではごく限られる。

地下鉄の吊り革さえ不潔な感じがして握れないという病的なまでの清潔症候群のＯＬは、日本語と日本の生活をそのまま持ってきたパックツアーのリゾートホテル以外に、楽しめる場所は世界中のどこにもない。そうまでして彼女たちが海外にいくのはなぜだろう。

旅行代理店は、「日本語ＯＫ」と「日本風のサービス」を強調し、むろんそれが売上げに直接跳ね返る。旅行代理店の過当競争は、旅のダイナミズムをどんどん喪失させてい

く。

各国トイレ事情

旅をしていて思うのだが、トイレさえクリアできれば、その国で快適な暮らしを長らく営《いとな》んでいくことができる、そんな気がする。バックパッカー向けのガイドブックでもトイレ情報に一章が割かれている。どんな人でもトイレだけは避けて通れないのである。

トイレがヒドいので勇名を馳せたのが、中国と旧ソ連という社会主義大国だ。ロシアでは、トイレの汚さをテーマに椎名誠《しいなまこと》が『ロシアにおけるニタリノフの便座について』という本まで書いているし、中国の田舎のトイレのすさまじさについては蔵前仁一《くらまえじんいち》『ホテルアジアの眠れない夜』に少し詳しい。

トイレ事情は旅の後日譚《たん》には欠かせないものだ。パキスタンでトイレはどこだとたずねたら「どこでもどうぞ！」といわれたというエピソードをマレーシアで会った学生さんに聞いたが、結構好きな話だ。

発展途上国の市街図にトイレの場所を書き加え、快適さを☆の数で表せば喜ばれるかと考えたりしたのだが……。

トイレ先進国キューバ

ではキューバはどうか。

水道水は飲めるし、食べ物で下痢をすることもキューバではほとんどないため、かたときもトイレなしではいられないという状況にはなりにくい。つまり男子の場合、一日に朝一回個室の人になれば良いのであって、旅行者がトイレで苦労したという話は本当に聞いたことがない。

一九世紀から水洗便所を使っていたキューバの人々は、基本的にはトイレ先進国の人々である。レストランやホテルのトイレもごく快適である。レストランやナイトクラブではトイレ内に人が鎮座していて、ペーパーや石鹸をサービスしてチップを貰うという、ラテンアメリカでは一般的な光景が見られる。まるでリビングルームのようで、つまりそれだけ居心地も良いということだ。

メキシコなどではトイレに住み着いているかのごとき人もいるが、キューバではそこま

ホテル・アンボス・ムンドスのヘミングウェイのトイレ。
痔の文豪には苦痛の空間だったことだろう

での居住性はない。チップをケチりたい人は、手も洗わずにそそくさと立ち去るにこしたことはない。世界には「トイレただ国」と「トイレ金とり国」の二種類しかないと説く人々からすると、キューバはトイレ金とり国のひとつである。

便座なしの手動水洗トイレ

キューバに公衆便所はない。バスターミナルや駅や空港にはあるが、快適といえそうなのは空港のそれのみで、あとは発展途上国のトイレと覚悟すれば大丈夫だろう。

キューバに来て日本人の、特に女性がびっくり仰天するのが、便器に便座がついていないことだ。心理学的に見て、女性にとって異物とは体内から外へ出ていくものではなく、外から体内に侵入してくるものであるという心理が働く。トイレが使用に耐えない場合の精神的ダメージは女性の方が大きいのだ。

キューバ中で便座のついている便器は、五ツ星のホテルぐらいにしかない。等級の低いホテルやレストランで便座に出会ったら、それはラッキーだ。便座がなくてどうやって用をたすのかというと、腰掛けて用をたすのに変わりはない。なぜ便座がないのかというと、ケチっているのにほかならない。

しかし便座なしの生活も慣れてしまえば、それはそれで不都合に感じないものだ。キューバ人の家庭のトイレで便座が付いていることは、万にひとつもないだろう。そして手動水洗である。バケツで水を流すのである。これはうまくやらないと便器の中に、残る。トイレという空間には、それぞれの国の文化が濃厚に息づいている。清潔であるにこしたことはないのだが、清潔であれば良いというものではない。

自分の排泄《はいせつ》物が一九世紀の下水管を通ってどこへ流れ着くのか、考えまいとしてもそのことが気になって仕方がない僕はちょっとヘンだろうか。

停電

Interrupcion

停電中のひとときは、まさに特別な期間。しかし、皆それにも慣れてしまった

ハバナの新聞で注意しなければならないのは停電情報である。「ハバナ・ビエハ午後六時～午後一一時、グアナバコア正午～午後五時」などというように、各地域の停電時間、つまり通電時間が表組みで記されている。それで大体、各エリアに平等に停電が行き渡るようになっている。

停電はスペイン語でインテルプシオンというが、一般的にはアパゴンの方が通りがよい。テレビを見ているとき、食事をしているとき、いきなり真っ暗になったときのキューバ人のセリフは「あらら、非常時（ペリオド・エスペシアル＝特別な期間）」という嘆息が一番多い。

行列や配給制、物資不足など、ペリオド・エスペシアルを象徴する生活苦は多々あるが、停電がもっとも直接的現実的に迷惑がられている。停電は最盛期は一〇時間を越えてその猛威を振るったが、一九九四年の後半になると一日おきに数時間という程度にまで軽減されている。

農産物自由市場の登場や工業製品の自由販売が実施されたりしたころと時期が一致していたため、これで市民の不満もかなりガス抜きができたようだ。外資の導入や観光立国が軌道に乗りはじめ、経済がマイナス成長から維持ないし成長に転じはじめたためらしいが、元来噂好きのハバナっ子は独特の珍説を披露してくれる。

キューバ人の噂好きは筋金入り

それは、「ずっと試掘中だった東部の油田から石油が出た」というものだ。それをあのヒゲ（カストロ首相のこと）は黙っているのだ、という。なぜなら石油が出たなんて発表したら、ただでさえ働かないキューバ人がさらに怠け者になってしまうと思っているからだろう、と。

ちなみに一九九四年暮れに見た限りでは、車の数が増えているように見えた。ガソリンの配給は増えていないはずなのに……。そのためこれ式の噂はあとを絶たず、コロンブスの財宝が発見されたなんていうのもあった。

キューバ人の噂好きは筋金入りだ。メディアが少ないために、公式な情報よりも噂やロコミに頼りがちなのかもしれないが、行動の基準は意外と噂なのだ。道理で男も女もおしゃべりに熱中するはずだ。目下の噂で多くの人々の心を捕えているのは、経済封鎖が来年（一九九五年）にも解除されるらしい、というもの（事実は周知の通り逆で、経済封鎖はさらに、そしてさらに強化の一途をたどった）。

発電所の職員は気が狂ったのだ

停電になると、僕の下宿先の親子は決まってマレコン通りまで散歩に出掛けた。ペリオド・エスペシアルの開始以来、キューバの家庭には中国製石油ランプが常備されている。食事中にバチンと電気が消えると、一家の主婦はゴソゴソとランプを持ち出してきて火をともし、食卓では何もなかったかのように食事が続くのである。

テレビ、特に「おしん」のような一世を風靡した番組の途中でテレビがバチンと消える

停電のキッチン

と、隣近所から悲鳴とも嘆きともつかぬ喚声が聞こえてくる。テレビが見れないんじゃ仕方がない。出掛けようか、というわけだ。停電で散歩、これはハバナでもサンティアゴでも同じだ。

新聞で報じられている停電案内は、実際には停電しないこともある。停電が始まって二〇分くらいで終わってしまうこともある。今か今かと苦々しい気持ちで待ち受けていたのに停電がなかった場合、発電所の職員がペリオド・エスペシアルで狂ったのだ、と言われる。何でもかんでもペリオド・エスペシアル。泣く子もだまるペリオド・エスペシアル、であった。

逆に停電が終わって家中の電気がつくと、よくもこう毎回毎回喜べるものだと感心するくらい、大声で大喜びするのもキューバ人の特徴だ。停電になっても家中のスイッチはそのまま、電気がつくと家中の電灯といわずテレビといわず扇風機といわず、すべての電化製品が存在を主張しはじめるのである。

第三世界は農民の国なのだが

キューバ人の無駄づかいも筋金入りだ。節約が民族の属性にまでなっている日本人としては、ガスのつけっぱなし、水のタレ流しを目にするたびに胸がいたむ。ないんだから大切に使えと言いたくもなるのだが。

「日本人はどうしていつも食事を残さずたべるの？」

「日本はかつて農民の国だった。その時の民族の記憶が僕にもったいないという気持ちをおこさせるのだ。食事の前に〝いただきます〟というのは農民に感謝しているのだ」

「キューバも農民の国なのに」

そうか。キューバも農民の国だ。タイもそうだ。インドもそう。わが愛すべき第三世界はおしなべて農民の国である。

そして今や日本は農民の国ではない。

日本について語ることは、日本人である僕の能力を超えている。

美容院

Peluqueria

頭の先からつま先まで、キューバ人は身だしなみに凝《こ》りに凝る。美と粋《いき》は、ライフスタイルのいの一番なのだ

ハバナの旧市街と新市街が道路をはさんで向かい合うあたり、サン・ラサロ通りとインファンタ通りの交差点から程近い美容院のカット代は、一ドルだった。客は外国人ばかりではなくキューバ人も多い。昨今流行《はや》りの自営業というやつだ。以前はペソ払いでもやってくれたが、今はドルだけだという。

「彼は百万長者よ」と、髪を切るのにわざわざ付添いで来てくれた下宿の娘さんは言う。彼女も二百数十ペソの給与の中から一ドルをわざわざブラックマーケットで買って、この美容院に来ているのだ。

キューバの女の美への追究には限りがない。そしてキューバの男の粋への執着もまた同様である。ものすごい数の床屋と美容院がキューバ中に存在することだろう。そしてその

どれもが繁盛している。ぼさぼさ頭のキューバ男やカットの行き届かない髪をしたキューバ女を僕は見たことがない。特に黒人は、ロンドンやらニューヨークやらの黒人の間で流行のヘアスタイルをすぐさま取り入れる。あっと驚くほど奇抜なヘアスタイルだって、街の美容院でできることはできる。

日本のファッション誌が人気

一年も前のドイツ語版「ＥＬＬＥ」を眺めながら順番を待つ。派手な看板などない美容院で、表に「美容院」（ペルケリア）と小さく小さく出ているだけだが、客は多い。口コミで広がっていくのである。「ＥＬＬＥ」の表紙は取れてページは破れ、ボロボロだったが、みんな食い入るように眺める。雑誌は貴重品だ。

僕は成田―北米西海岸―メキシコ・シティー―ハバナと三回飛行機に乗る間に、機内誌や雑誌をどれだけ多く失敬できるかにいつも情熱を傾ける。親しくなった人にプレゼントするためである。特に日本のファッション誌などは人気が高い。

ペソ払いは洗髪なし

 洗髪台に呼ばれる。キューバの美容師は、男はほとんどホモだと聞いたことがあるが、彼は違うらしい。洗髪係は彼の奥さんだった。僕は三年間伸ばし続けてズボンのベルトのあたりまで伸びた髪を思い切って切りに来たわけだから（実はハバナの暑さにも耐えられなかった）、全部洗ってもらう必要はない、とカタコトのスペイン語とボディランゲージで伝えた。でも洗ってから切るのが手順だからとひと悶着あった後で、じゃあゴムで束ねてあるところから一旦ザクッと切って、それから洗おうという事で決着した。

キューバの美容院でお湯のシャワーを期待してはいなかったが、洗髪の水はとても冷たかった。そもそもペソ払いの美容院には洗髪などない。

ある日本人は、ペソ払いの美容院に行ったあと、ひと言、「二度と行かない」と感想をもらした。そこで何が起こったか僕は知らない。しかし、日本の美容院とは想像を絶するほど隔たりがあったのだろう。美容院で頭まで洗ってもらえて、しかもお湯で、という国は世界中でどれくらいあるのだろうと一瞬考えた。アメリカ合衆国では、熱かったからと

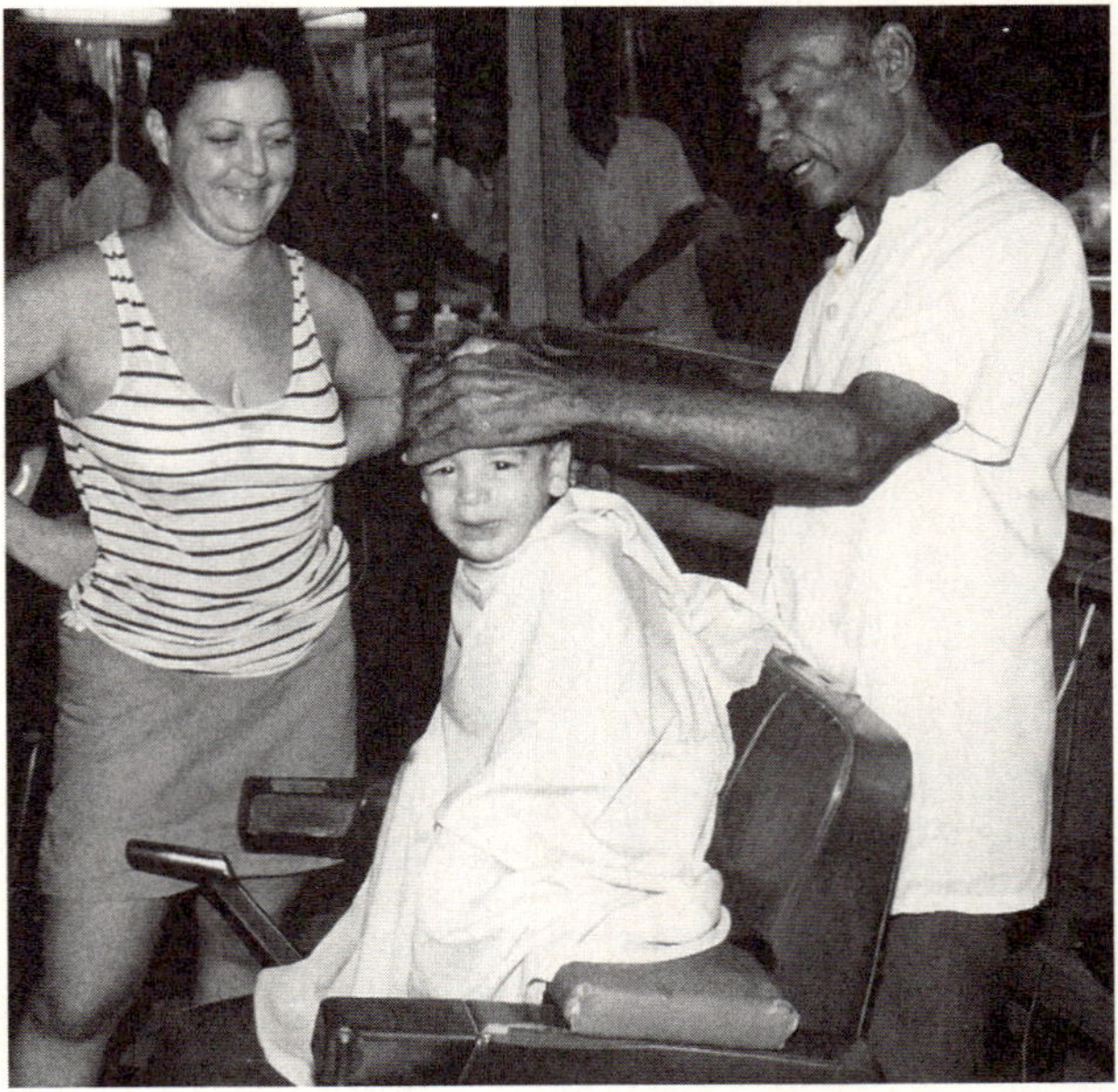

青年の島の理髪店で髪を切られながら泣く子供と笑う母

いってすぐ訴訟、冷たかったからといってすぐ訴訟だろうななどと思いをめぐらすうちに洗髪が終了。

腕の良い美容師

自宅兼事業所になっているフロアには、立派なイスと鏡がセットされている。旧市街の家屋で天井の高さは四メートル以上。そんなガランとした室内で、ぽつんと髪を切られているのである。

きょうの客は一応外国人ばかりで、もう三、四人順番を待っている。美容師はひとりしかいないから、僕は床屋に行かず美容院に来たへんな東洋人男性として、四人の女客に見つめられながら髪を切られていた。これはなかなかに趣深いものがある。

このようにして僕は、日本の家族にも友人知人にも、あらゆる人に不評だった長髪を、何とか常識的な長さにまで縮めることができた。下宿の娘には「とてもいい。若返ったわ」と言われて少し複雑な気持ちになった。

腕の良い美容師はみんな自営業に転じてしまう。これでは街の美容院に腕の良い美容師がいなくなってしまうではないか。あるいはドルを買って自営の美容院に行くほかはない。

世界中の女にとって、美の追究はいつの世もお金がかかるものなのである。

美容院

ホテル

二一世紀には、キューバはカリブ海地域のホテル大国になっている。しかも安宿なし

ハバナやバラデロといった国際観光都市では、ホテル建設のラッシュが続いている。半年もご無沙汰していると、勝手知ったる旧市街でも新しいホテルができていてびっくり、なんてことがある。以前からあるホテルも競争力をつけるために改装・改築に余念がない。市内のホテルが三つ四ついっぺんに改装中ということも珍しくない。予約を入れていたのに改装期間に突入してしまい、空港からタクシーで直行した旅行者をあきれさせることもある。

初めてキューバに来た旅行者は、面食らって路頭に迷ってキューバが大嫌いになるかもしれないが、この辺りがキューバである。リピーターにとっては一本取られた気持ちにさせられて、逆に嬉しがられるかもしれない。

「うーん、してやられた」と。

キューバ人に節約の観念はない

キューバで最高のホテルは、ホテル・ナシオナル・デ・クーバだ。最高というのは値段のことだが、従業員のマナー、施設、風格に大きさと、どれをとってもナンバーワンである。破れたTシャツを着たキューバ人などは、一歩たりとも敷地内には入れない。服装チェックがあるのだ。だけど外国人なら薄汚れた貧乏旅行者でも問題ない。

僕は新ラテンアメリカ映画祭にビジターとして参加したときに、映画祭のオフィシャル・ホテルであるナシオナルに泊まったが、何かにつけてその破格さに物おじしてしまった。浴室はもちろんお湯が二四時間出るし（キューバでは珍しいことである）、浴槽は一九世紀を思わせる立派なもの。絨毯に客室灯、花瓶には生花、耐火金庫まである。

ベッドはキングサイズで、ベッドメイクは午前と午後の二回。ベッドメイクのたびにサイドテーブルに花やキャンディが置いてある。朝のベッドメイクのたびに、こちらはチップの一ドルを置いておくのだが、これは受け取る人と受け取らない人がいた。ただ、ベッドメイクのたびに部屋の冷房をつけていってくれるので、農耕民族らしい節約家（あるいは単にケチともいう）の僕は困ってしまった。サービスのつもりなのだろうが、エネルギーはこの国でもっとも深刻に不足しているもののひとつなのだから。

ビール一本入っていない冷蔵庫もつけっぱなしなのだ。キューバ人に節約という観念はない。あるときに全部使う。宵越しのナニはもたねえのだ。だだっ広いロビーの冷房からして、深夜人の出入りが途絶える頃でもガンガンに効いている。

暑い国では一般的にいえることだが、ここキューバでもご多分にもれず、冷やすことは良いことだという姿勢が徹底している。このテのサービスになじめないようでは、五ツ星のホテルになど泊まる資格がないのかもしれない。おそらくそうだろう。メードさんたちはメードさんたちなりに、自分たちのマニュアルをこなしているに過ぎないのだから。

僕が五ツ星に泊まったのがそもそも不相応だったのだ。豪勢なホテルに泊まってリラックスするかというと、逆に僕はコンプレックスをいだく結果となってしまったのだった。それ以来、一度もホテル・ナシオナルには泊まっていない。

ホテル・ナシオナル。数々のフェスティバルの会場となり、
多くのセレブリティが訪れた。
ハバナのリゾート・ホテルの最高峰

旅行上手な外国人

これだけいたれりつくせりの五ツ星ホテルだが、値段の高いのが嫌われて、あまり繁盛しているとは思えない。真夏のトップシーズンに、何かのフェスティバルの期間でもなければ、全国一律の午後二時のチェックインタイムを過ぎてもロビーはがらーんとしていることが多い。サービスや施設はいたれりつくせりだが、別に値段に比例しているわけではない。欧米や日本では、その値段でそのサービスは珍しくもない、というわけだ。総生産も物価水準も違う国同士を何かと比較したがるのは良くないが、お金を払うのはヨーロッパの財布、日本の財布だ。仕方ないのである。

それよりキューバを訪れる旅行者が望んでいるのは、キューバ独特のホスピタリティだろう。

キューバを訪れる旅行者は、カナダ、ドイツなどが多い。世界中で見かけるドイツ人はやはり旅馴れている。余分なお金など一切使わずに目的を達成する。カナダ人もそうで、キャバレーに行っても水しか注文しないといってキューバ人を嘆かせている。旅ではお金

ハバナでの僕の心のふるさと、ホテル・リドは旧市街の安宿である

というものはかかるものだと最初から自分を納得させている日本人とは、根本的に差がでる。

一ツ星ホテルよ永遠なれ

僕の常宿となっている星数の少ない小さなホテルでは、停電や断水は日常茶飯事である。蚊もいる。トロピカルな巨大ゴキブリが出ることも多々ある。部屋にテレビがないのでロビーに宿泊客がたむろして野球や「おしん」を見たり、毎朝定例の停電が始まると一気に階下の食堂（停電中もエアコンが生きている）が繁盛しはじめたりと、なかなかエキサイティングで楽しめる。

スーツケースを持参するよりバックパックをかついでくるTシャツ短パンの連中が多く、四〜五日滞在すると、どこからか自転車を調達してきてどこまででもそれで移動する。そのうちにキューバ人の恋人ができてそこに転がり込んだりする。宿泊費無料だ。

電気が来ない、水が出ないといって怒鳴り込む旅行者に、「ほかのものもみんなないのよぉ」などとフロントのスタッフが涼しい顔で対応しているのを見るのは、僕にとってはこの上ない楽しみのひとつだ。これ式のホテルマンたちを見ると、これもキューバなのだとしみじみ納得できてしまうから不思議だ。キューバ人の口癖のひとつに「ここはキューバなんだぜ」というのがある。モノがなくても、壊れていても大丈夫。ここはキューバなんだから。

ホテルはどんどん増えていく。東部の聞いたこともないようなビーチが大々的に開発されていたり、外資系の超高級ホテルも続々とオープンしている。二一世紀には、カリブ海にあるホテルの客室の半分は、キューバが所有している計算になるという。いろいろと複雑な事情に基づいた計画があるのだろうが、ホテルばかりが増えてもなあ、とついへらず口をたたいてしまいそうになる。いかん、いかん。

土曜日

様式化されているともいえるキューバ人の生活スタイル。とくれば土曜日にすることは決まっている

土曜日はキューバ中の女が掃除をする日だ。日曜日でもよいが、掃除に土曜日をあてる女は圧倒的に多い。街を歩いていると、雑巾《ぞうきん》をすすいだ汚水を窓から勢いよくぶちまけるのに出会うので、土曜の午後にはベランダの直下は歩かないほうが無難である。

キューバ人の家は西洋式で（当り前か）、もちろん土足だが、足跡がつくとすぐモップで拭くので、家の床はいつもピカピカだ。それでも毎週土曜日には再び床中を水でびしょびしょにして磨き込む。幸いにして家財道具は必要最小限、モノもないので家の中はとてもシンプル。それに加えて、この清潔さである。

土曜日の仕事は掃除だけではない、洗濯の日でもある。

日本製とソ連製

旧ソ連製の洗濯機がうなりをあげるたびに、たった今拭いたばかりの床に水が飛び散る。そのたびにまたモップで拭くのである。順番が逆だ。

本来この種の洗濯機は、中庭かどこかの屋外で用いるものではないかと思える。本当にびしゃびしゃ水が飛び散るのだ。ソ連製品で丈夫で長持ちするものは何もない。性能も悪い。電化製品でもなんでも、一番評判の良いのは日本製だ。これはもう信仰の域に達している。高性能の製品を作る日本人はとても尊敬されている。アメリカ合衆国との経済戦争を戦っているので、連帯の気持ちもあるらしい。何となく判官贔屓《ほうがんびいき》だと思う。

二番目が韓国製。だが市中のドルショップにも日本製品はなかなか置いていず、韓国製品が多い。したがってせっかくドルを手にしてもなかなか念願の日本製品は手に入らない。中国製はソ連製同様評判が悪い。それなのにキューバ人の家にあるたいていのものは今でもやむをえずソ連製だ。車、扇風機、クーラー、テレビ、冷蔵庫、オートバイ……。ソ連はそもそも寒い国なのに、衛星国のためにクーラーまで作っていたのである。

カメラもソ連製。しかもいまだにフイルムは東ドイツ製！　東ドイツが西ドイツに吸収合併されたのはいつだったか。いったいフイルムの耐用年数はいつまでなのか。

街を走るグワグワは東欧製だ。こちらもそもそも寒い国なので、エアコンがついていない。このバスにスシ詰めになるのだ。とても暑い。

「キューバは生き残る」

誤解をおそれずにいうなら、キューバ人は基本的にソ連が大嫌いである。ミサイル危機（一九六二年一〇月の「キューバ危機」、キューバ国内では一〇月危機と呼ぶ。僕はキューバ危機の年、キューバ危機の直後に生まれた）のとき、キューバそっちのけでフルシチョフとケネディのボス交が行われて以来、政治的にはキューバは常にソ連に振り回されてきたといえる。

コメコン経済圏は、革命後に重工業化を目論んでいたキューバを、相変わらずのサトウキビ・モノカルチャー経済に押し留めた。その挙げ句、ソ連もコメコンも勝手に自滅していったのだから、やれやれだ。ハバナのブラックマーケットを作り上げたのも実はソ連の

部屋を雑巾《ぞうきん》がけする友人の奥さん

外交官たちだと噂されるほど、国も人も評判が悪い。

ソ連大使館（現ロシア大使館）はキューバで有数の巨大建築だが、デッカイことはいいことだのキューバ人も、誰もが「醜い」と顔をしかめる。いまだにロシア人がスペイン人と並んで「旧宗主国」ヅラをしているのを見るのは、確かに気分の良いものではない。キューバ人はプライドが高いのだ。

ソ連、東欧の地滑り的な政変劇の最中、キューバの経済は多大なダメージを津波のようにかぶったものの、生き残った。昨今、フィデル・カストロが好んで口にする言葉も「キューバは生き残る」である。

洗濯上手のキューバ人

土曜の午後、ストリート沿いの家々のバルコニーは満艦飾。洗濯物が街中にはためいている。キューバの女は洗濯が実にうまい。洗濯機がソ連製のオンボロでも、白いシャツは真っ白に、柄ものも色鮮やかに執念深く洗い上げる。

洗いたての白いシャツが、ハバナの青い空にパタパタはためいている光景は、夢のようにビューティフルである。

キューバではどうもカーラーを巻きっぱなしにして
表に出る女が多い

彼と彼女の大晦日《おおみそか》

Fin de año

キューバにバレンタインデーはない。だからホワイトデーもない。クリスマスもない。あるのは大晦日だけだ

日本の恋人たちが一緒にときを過ごさなければならないのは、何はともあれクリスマス・イブだろう。バレンタインデーとかホワイトデーとか、誕生日とか、いろいろ口実を設けては一緒にときを過ごすことに情熱を傾けてはいるのだが、クリスマス・イブだけは全国一律の激戦区となっている。

今まで恋人だと思って付き合ってきた相手が、クリスマス・イブに会ってくれなかったとなると深刻だ。マニュアル化された男女交際のもっとも純化した形態。とほほ。

嫉妬《しっと》が服を着ると、キューバの女になる

キューバで男女が一緒にときを過ごすことを激しく求められるのは大晦日だ。年の暮れはプレイボーイも年貢の納めどき。とりあえずは一番近しい女のところにいなければ、おさまらないものなのだ。そうでなくてもラテンアメリカの女は嫉妬が服を着て歩いているようなものである。

自分の男と決めたからには、足かせをつないでも大晦日まで見張るつもりだ。だいたい女房に黙って散歩に出ただけで「新しい女をみつけに行ったんでしょ」などと言われかねないのがラティーナである。二度目からは「新しい女に会いにいったのね」となる。帰りが多少遅くなったときも同様で、カンカンになって怒っている。これでは軟禁状態である。

一般的にいって、たいていのラテンアメリカの男がプレイボーイであることは間違いないが、こうも管理されていては息が詰まる。ちょっと息抜きに浮気をする。女房は頭に血が上って管理をより強める。より息抜きが必要になる。ほかの女に走る。

キューバでは、人は一生に少なくともたいてい二、三回の離婚を経験するが、この悪循環では破局というパターンを繰り返す以外にない。キューバでは連れ合いのことを「手錠」と呼ぶ。お見事というほかない。ほかの女に走ったところで、新しい手錠を着けられたに過ぎないのかもしれないが。

ストレートで情熱的なアプローチこそ

大晦日を一緒に過ごすといっても、別に日本のようにイベント化されマニュアル化された何かがあるわけではない。ただ一緒に過ごすだけである。キューバという国では、そして発展途上国の多くがそうであるように、マインドがもっとも大切にされる。

経済の発展とともにいろいろなものを着込んでしまった先進国の男女は、感情の起伏に乏しい。しかしここでは個性が尊重され、何かに書いてあるとおりの愛情表現などもっとも忌み嫌われる。要は、ストレートかつ情熱的なアプローチが求められるのである。

プレイボーイも年貢《ねんぐ》の納めどき。結婚式のあと、オープンカーに乗って目抜き通りをお披露目《ひろめ》する新婚カップル

新年のあいさつ第一号は窓からバケツで水を

大晦日。そしてカトリックの一部の宗派の人々は新年の午前〇時とともに、窓からバケツ一杯分の水をぶちまける習慣をもつ。しかも午前〇時にいっせいに、ではなく、午前〇時から三々五々ジャーッという音が聞こえるのである。みんな時計を持っていないのかもしれない。一二月、一月、夜のハバナは肌寒い。頭から水をかぶって風邪をひきたくなければ、新年の午前〇時の往来は歩かない方が良い。

キューバには、「紅白歌合戦」はない。国営テレビの人気プログラム「サバダッソ」(土曜日の大騒ぎというような意味。これがなかなか面白い)の大晦日特別篇を家族で見て、窓からバケツの水をぶちまけたあと、おとなしく眠りにつくのだった。

列車旅行

Tren Especial

いつの時代も貧乏旅行の醍醐《だいご》味《み》といえば列車の移動。
人々の鼓動を感じ、息吹に触れる。
そして車内の温度にシビレル

ハバナ中央駅を午後六時〇一分に発つ特別列車（トレン・エスペシアル）に乗るには、一時間前に入場する必要がある。

僕の場合、ものごとというものは、例えば、約束の時間は「だいたい」守れれば万々歳という性格なので、飛行機に乗るのに二時間前にチェック・インしろといわれても絶対守らない。沖縄に行こうとして、一〇時出発のところを一〇時にチェック・インしたら置いていかれたという経験もある。ずぼらなのだ。

しかもキューバの列車である。よもや時間通りに発車などするまい、と考えるのは常識すぎるほど常識的だ。

しかし、キューバはここでもやってくれた。六時〇一分発車予定の列車は、六時ジャストに出発したのである。機関士が正確な時計を持っていなかったのかもしれない。

こういうことは、僕はキューバでは初めてではない。キューバ航空の国内線は、乗るべき人が乗り込んだと判断されれば、一〇分や一五分早めに飛び立つことなど珍しいことではない。

要は、時間というものは守られないと心得ることが肝要なのだ。遅れるばかりがキューバ・タイムスではない。

時間の遅れ、欠便、故障、そして追突

もちろん遅れることもある。この遅れはもの凄い。数時間単位だ。バスは欠便ということもある。西部のピナル・デル・リオから一八〇キロ離れたハバナを目指す普通列車で、七時間の予定だったのに、ハバナまであと三〇分の地点まで来たところで、ディーゼルのエンジンが故障、五時間以上じっと待たされたこともある。日中に走る普通列車は客車に明かりがついていない。あたりはどんどん暗くなる。

ハバナから代替のディーゼル機関車が来て牽引《けんいん》しようとしたが、肝心の連結器が壊れて

改札口で改札、乗る時に改札、車内でも検札があるので、
無賃乗車はむり

いてダメ（ちゃんと点検しておけ！）。

ディーゼル機関車はハバナに戻り、今度は何人かのエンジニアを連れてきて修理を試みたがラチがあかない（使えるヤツが来い！）。待っている間に、最後部の車両にクレーン車が追突するというおまけまでつき、一瞬にして車内はパニック。まさに踏んだり蹴ったりだった。

その機関車はその日その場所で一巻の終わりになった。乗客はかわりに迎えにきた貨物列車で、ハバナ中央駅まで運ばれた。早朝、列車に乗り込んでから一五時間後の到着だった。

キューバの輸送機関はおおむねこのような状態にあり、毎日どこかで何らかの乗り物が短期間、あるいは永遠に役に立たなくなっている。

特別〝冷凍〟列車は行く

夕刻に発車した特別列車は、しばらくして明かりを落とす。寝たい人は寝なさいというわけだ。車両は古いがシートは柔らかく、リクライニングもできる。それでも若いグループは騒がしく盛り上がっているし、ひっきりなしにトイレに人が立つし、なぜか行ったり

貨物列車を改造した普通列車。かわいそうな乗客

来たりを繰り返している人もいたりで、なかなか眠れない。

そうこうしているうちに、冷房の効きすぎで寒くなってくる。これはもの凄く寒い。キューバの冷房は、調節ツマミをＭａｘ（最大）から動かしたことがないかのようにガチガチに冷やす場所が多いが、特別列車もそのひとつだ。南国の列車旅行のイメージで、Ｔシャツに短パンなどという格好では確実に風邪をひく、というよりもいたたまれなくなる。長いズボンにシャツ、その上に革のジャンパーを羽織ってもまだ寒い。キューバ人は全員毛布持参である。

僕も最初のキューバ列車旅行以来、キューバ到着までに米国系航空会社の国際線の機内などから毛布を拝借してくるようになった。僕はマレーシアの長距離バスで「寝冷え」したことを思い出した。

これが僕のいうところの特別〝冷凍〟列車である。

我慢強い〝灼熱《しやくねつ》〟列車の乗客

逆に普通列車（トレン・レグラール）を僕は〝灼熱〟列車と呼んでいる。日中に出発し

灼熱《しゃくねつ》か冷凍か、車両を牽引《けんいん》するディーゼル列車

て日中に到着する中・短距離の路線が多いため明かりはなく、五分か一〇分走るとすぐ停車する。もちろん駅に停まるのだが、駅舎もなく、駅名の看板だけが立っているような小さな小さな停車場に次々と停まっていくのである。

乗客は大きな荷物（ダンボール箱を荒縄でくくったようなものが多い）に、ニワトリなどの生きた家畜を持ち込むのが当たり前といった感じだ。夜はそれなりに寒くなる季節もあるキューバだが、少なくとも昼ひなかは一年中暑い。車内に冷房はなく、貨物列車を改造したような車両は猛烈に太陽熱を吸収する。シートは板かプラスチックなので座り心地が悪くて居眠りもできない。少し走ってすぐ停まるので風に当たることもできず、汗だくで、常にホコリっぽい。列車の片側は絶えず直射日光を浴びる。脱水症状が気になるくらいだ。これは厚着で対抗できる特別〝冷凍〟列車と違って耐えがたい。

それでもキューバ人はそのこと自体にはさして文句もいわず、我慢して乗っている。中には何時間も立ちっぱなしという人もいるが、いやでいやでたまらないという顔はしていない。それだけでなく、僕に席を譲ってくれたりする。キューバ人の我慢強さは不快感を、すぐ顔に出して舌打ちする日本人の比ではないのだ。

移動には常に困難の伴うキューバだが、きょうも駅の待合室には、やむなく列車に乗るはめになった人々が座り込んでいる。
〝灼熱〟列車と〝冷凍〟列車。キューバに中間の道はない。

暑い暑い、とても暑い普通列車の車内

ラス・ツナス

Las Tunas

東部の田舎街といってもあなどってはいけない。
州都は州都。開発の波が静かに、
そして確かな足取りで押し寄せてきた

旧市街にあるハバナ中央駅を夕刻に出発した特別列車は、だいたい一二時間後には東部の小都市、ラス・ツナスに到着する。

日本人旅行者で列車移動をする人はそもそもそんなにいないし、ヨーロッパ人もそうだ。キューバ人でもバス旅行の方を選ぶようだ。車内で外国人といえば、イタリア人とかブラジル人とか、サンダル履きでズタ袋持参の、要するにバックパッカーだけだ。

しかし、日本の正確無比な列車ダイヤで育った僕は、そもそもバスより列車のほうを信頼してしまうたちだ。実は、列車ならパンクしないだろうという安易な発想から出発しているのだが。

小都市、ラス・ツナス（ツナスはサボテンという意味）といっても、実はラス・ツナス州の州都でもある。かつて東部五州はオリエンテ州として十把ひとからげになっていた。それを革命後、グランマ、ラス・ツナス、オルギン、サンティアゴ・デ・クーバ、グアンタナモに分割したのだ。必要があって、かつ実情にあわせて分割したのだろうが、ラス・ツナスは、州都というには想像以上に田舎だった。キューバには一四州（うち一つは特別区）あるが、ラス・ツナスは中でももっとも開発の遅れた州ではないだろうか。

珍しい東洋人

駅に降り立った瞬間、駅前を行き来する人々の目が僕に釘付けになる。といっても朝の六時頃なのだが、そこは農業都市、早起きなのだ。

東洋人が珍しくてしようがない、というよりも別の生き物を見ているような、そんな感じで僕を見ている。あからさまにじっと凝視する者もいれば、さりげなく何度も何度もチラッと見る者もいる。馬車の乗客の中でひとりが僕に気づくと、一旦は目をそらして隣の客に知らせ、隣の客は一瞬「おっ」という顔をして目を伏せたかと思うと隣の客に耳打ちする。そのようにして僕を注視する目があっという間に駅前の人々に伝播《でんぱ》していくのが、手に取るようにわかるのである。彼らに差別の感覚はないから、こちらはわけもなく人気者になったような気分で、ただはにかむだけだ。

もっとも開発の遅れた州都

ラス・ツナスは僕の印象では白人街であって、サンティアゴやグアンタナモなどの同じ旧オリエンテ州に属する五州の中でも、黒人の多い諸都市とは趣が異なる。

市内の交通網はほとんどが馬車で、バスはあまり走っていないというのもまるでタイムスリップしたような印象だ。馬車のおかげでラス・ツナスにはトランスポーテーションの問題は存在していなかった。

観光でキューバを訪れた人々は、主としてハバナ、バラデロ、トリニダー、サンティアゴ・デ・クーバを訪れるわけだが、その他の都市は観光開発がまだまだ未着手の部分が多い。これといった観光資源に欠けるラス・ツナスは、一四州の中でももっとも観光収入の少ない都市ではないかと僕には思える。外国人が少ないのはもちろん、市内の中華料理店「長城飯店」の主人以外の東洋人なんて、生まれて初めて見たという人も多いはずだ。

キッチン・グランマではおばあちゃんがひとりで調理中

僕はハバナから故郷のラス・ツナスに帰った友人に会うためにこの街に降り立ったのであり、そうでもなければよもやこんな田舎には来るはずがない。

そんな街だった。

親切で心優しい人々

駅前に立ったはいいが、僕はどうしていいかまったくわからなかった。朝の六時、右も左もわからないキューバの田舎街で、途方に暮れた。

すると中年の女性ふたりが近づいてきて「あなたはどこに行きたいのか」と聞く。僕は「友人の家に行きたい」と手振りで示し、住所を記したメモを示す。

「来なさい」「はい」。

僕はうながされるままに馬車に乗せられ、おばさんは「この人はマルティ通りの××番に行くから、よろしく」と馭者《ぎょしゃ》に頼む。

マルティ通りの××番に近づくと馬車の乗客のひとりが、僕のメモを持って、目的の家を探し出してくれる。それも「東洋人がマルティ通りの××番を探しているが、あなたの

ロデオ大会の観客席。ロデオを見ているよりよほど面白い

家に違いないか」とドアロまで行って（朝の六時頃に）家の人を起こしてくれたので恐縮する。

ラス・ツナスの人々はほとんどの場合、ざっとこんな感じだ。たいていのキューバ人は無類の親切だが、ラス・ツナスの人たちは親切が服を着て歩いているようなものではないかと思う。

僕は、たいくつだが人々の心が温かいこの街が、到着と同時に好きになった。

ドル解禁。そして開発の波が徐々に押し寄せる

一九九二年の一二月に初めてラス・ツナスを訪れてから、一九九五年の一月まで、何度もこの田舎街を訪れる機会を得た。友人の家族とは家族同然の付き合いをしていて、キューバに来るたびに寄っていたのだ。観光立国の道を突き進む国の歩調と合わせて、ラス・ツナスにも徐々にだが開発の波がおよんできた。

外国人（外国のパスポートを持ち、ドルを所持している人）は、アメリカ合衆国から里帰りした亡命キューバ人やロシア人技術者など、ごく限られた人数に過ぎないこの街で、

ドル・ショップやドル払いのレストランが何軒かオープンしている。ドル払いのガソリン・スタンドまでができていたのには驚いた。一九九三年のドル所持解禁以来、想像を絶する速度で経済のドル化が進行し、その影響はこんな田舎街にまであらわれているのだ。経済のドル化。ハバナがそうであるように、それは確実に人々の心を金銭に従属させていく。

それをこの国でも発展と呼ぶのか。

CDR―革命防衛委員会

名称はものものしいが、公民館で椅子を並べて、おばちゃんたちが井戸端会議をやっているといった雰囲気である

「コミテって知ってる?」ホームステイ先のおばさんが聞いてきた。委員会、英語ならコミッティーだ。

何となくピンときて「CDR《セ・デ・エレ》のこと?」と聞き返すと、「まあ、あんたって本当にキューバ通ねえ、その通りよ」。

このおばさんは以前にも「あんた社会主義者?」などと聞いてきて、いくら否定しても「いやあんたは社会主義者よ」と譲らなかったことがある。思い込みが激しいというか、直感で物を言うタイプなのだ。キューバで社会主義者という存在は珍しくもなんともないが、僕が社会主義者ねえ。

CDR委員。不評の人

キューバではほとんどの人々がこのCDR（El Comite de Defensa de la Revolucion＝革命防衛委員会）に組織されている。西側マスコミなどは相互監視組織呼ばわりしているが、一九六〇年代には反革命派のテロが横行していた時代があって、破壊活動を防止する目的をもって創設された機構だ。CDRの任務は、反革命的な現象を未然に防止すること。確かに相互監視の色合いも併せ持つ危険性をはらんでいる。

このCDRの委員というのが、やはり隣近所に評判が悪い。ホームステイ先の隣人はこのコミテだった。

「良い人よ。とっても良い人なんだけど、何でも知りたがるのよ。家の中を見たがるし。隣は子供までそうよ」

こういわれると、僕の頭の中では子供まで使って情報収集に精を出す秘密警察一家といったイメージになってしまうのだが……。まさか。

入国管理官の急襲に驚愕

ラス・ツナスの友人の家に二週間ほど滞在したときのこと。あるとき階下の、まだ二〇歳なのにふたりも子供がいる奥さんが、血相を変えて二階の僕のところへ駆け上がってきた。

「アキラ！（ちなみにスペイン語圏の人々はおおむねアキーラとナマる。僕の名のもつ緊張感も何もなくなるのである）あんた何をしでかしたのよ？」

「何をって？　何も」

階下に下りていってみると、オリーブ色の制服を着た入国管理官の女性が待ち受けていた。

パッと見に軍人かと思ってギョッとしたが、入管だ。わざわざ訪ねてきたのだ。とすれば、これはただごとではない。

名前、国籍、旅行目的、滞在日数など、型通りの質問が終わり、パスポートの中身をチェックすると、

「靴を履きなさい。一緒に来るのです」

このセリフにはさすがぼんやり屋の僕も驚愕した。いきなり連行とは。サンダル履きだった僕は靴を履いてくるといって二階に上がり、リュックの中をひっかき回した。何か役に立ちそうな名刺類でも取り出そうとしたのだ。しかし、こんなときに限って見つからない。そもそもたいした人たちとは付き合いなどないのだが。あきらめて再度階下に下りると、今度は隣近所中の女たちが入国管理官を説得しているまっ最中だった。

「問題ない人物なんだから！」とか何とか、入国管理官を取り囲んで口々に言ってくれている。こんなときですら僕の頭によぎったのは、本当にキューバってのは女の数が多いね、ということだった。しかし、もし本当に僕が何らかの違反や犯罪を犯していたとすれば、何日か後にいなくなる旅行者の僕よりは、この地に留まる彼女たちの方が、お上にモノ申すのは勇気が必要だったろう。

そのうちに入国管理官も態度を軟化させ始めた。

「警察に連行するわけではありません。外国人はホテルに泊まることになっているのです。きょうからホテルに行って下さい」

外国人はホテルに泊まって外貨を使いなさい

ふう。身に覚えがないはずだ。これでひと安心。しかしきょうからこの街で唯一の宿泊施設、ホテル・ラス・ツナスに泊まることになってしまった。僕は安堵するとともに、出費がかさむことへの不満も同時に感じるのだった。

さて、どうしてこんなことになってしまったか？　どうも合点がいかない。僕の滞在がどうして入管の知るところとなったのか。

僕は最初、街のドル・ショップが怪しいとニラんでいた。キューバ人を連れた謎の東洋人が足しげく通ってくるようだ。しかもホテルに泊まっている風でもない。ドル・ショップが入国管理官に連絡した、と僕は確信した。しかし、友人の家族は違う意見だったのである。

「ＣＤＲがチクったのよ」

へえー。僕はＣＤＲの組織力の緻密さ、些細なことでも問題にする潔癖質に少々びっくりした。何くわぬ顔で僕と接している人たちの中にも、ＣＤＲに通報した人がいると思うと、気分のいいものでないのは確かだった。

ホテルに泊まらなければならないといっても、それは原則であって、それほど厳密にすべての旅行者が守っているわけがない。友人を家へ招くのは人なつっこいキューバ人にとってひとつの習性でもある。

「つまり彼らにとってはキミがホテルで使う外貨が重要ってわけだ」

友人はわけ知り顔でこう言うのだった。

外国人そのものが珍しく、まして日本人など初めて目にするという人が多いラス・ツナスならではのエピソードだ。そしてそれだからこそ、この国の抜群の治安の良さは保たれている。

キューバ版『ミッドナイトエクスプレス』

これが東南アジアやほかのラテンアメリカの国々、そしてアメリカ合衆国だったら、旅行者はまず『ミッドナイトエクスプレス』という昔の映画を思い浮かべただろう。ほんの軽い気持ちで麻薬に手を出したアメリカ合衆国の学生が、中東で逮捕されてひどい獄中体験を強いられるというショッキングなストーリー（実話）で、主人公は結局獄中でひとりふたりの人を殺してシャバに脱出するのである。

東南アジア辺りで出会う日本人旅行者は老いも若きも例外なく、「『ミッドナイトエクスプレス』みたいになったらコワいっすからね」というセリフを吐く。

つまりヌレギヌやとるに足らぬ些細な罪が、一部の国々では思いもよらぬ苦役あるいは死にすら相当する場合がある、という認識は誰にでもあるものだ。しかし、キューバでこのような思いが僕の頭をかすめたことは、この入管をめぐるエピソードの最中も含めて一度もない。その点では、アメリカ合衆国をはじめとするほかの国々よりも、キューバ社会の方がよほど成熟していると僕には感じられるのだ。

サンティアゴ・デ・クーバ

Santiago de Cuba

この国の第二の都市は、意外とのどかな地方都市であったキューバの奥。

サンティアゴ・デ・クーバだからキューバ・の・サンティアゴという意味。サンティアゴという地名や施設の名前はスペインが支配した国々の各地に残っている。

フィリピンのマニラにも同名の要塞がある。チリの首都はサンティアゴだ。そういえば昔、フィリピンの超田舎の村に降り立ったらハバナという名前だったので笑ってしまった。

サンティアゴにしてもハバナにしても、あるいはサンファンやサンタフェにしても、スペインや中南米各国のすべてにそんな名前の都市がひとつやふたつは必ず、ある。

キューバ第二の都市、サンティアゴ・デ・クーバは坂の多い町だ。第二の都市というかどんな大都市かと思えば、案外とのどかな田舎町である。坂が多いために、ハバナほどは自転車を見かけない。大都市でインフラも完備したハバナと比べると、とても小さな都市という印象を受ける。
ハバナというのは日本や米国を経由して行くと朽《く》ちた印象があるが、カリブ海地域の都市としては、実はインフラ整備率ナンバーワンなのだ。サンティアゴ・デ・クーバはそれほど狭いわけではないが、人々が歩く通りは限られる。知り合いの日本人に、サンティアゴで、偶然、ばったり、路上で出会った経験はそのことを物語っている。街の真ん中を、てくてく歩いていたら向うから知人が歩いてくるのに出くわしたのである。日本でではない。ハバナででもない。サンティアゴ・デ・クーバでである。「おお、久しぶり」とか何とか言ったが、何かヘンですね。

「キューバなんてクソだぜ」

初めてサンティアゴ・デ・クーバに降り立ったとき、それはバスでバスターミナルに着いたのだった。長くつらいバスの旅だった。
サンティアゴっ子はサンティアゲラ（これは女性形で、男性形はサンティアゲロとい

サンティアゴ市内、エレディア通りの古本屋にて

う。ちょっときたない）と呼ばれる。ハバナっ子はハバネラ、グアンタナモっ子はグアンタナメラだ。サンティアゲラはハバナが嫌いで、ハバネラはサンティアゴが嫌いだ。これは例えば東京人と大阪人の関係になぞらえてみるとよくわかる。対抗意識である。

一般的にラテン系の人は地元意識が強いのではないだろうか。

メキシコ人に、キューバに行くというと、「何であんなところに行くんだ。メキシコには美しいカンクンがあるじゃないか。キューバなんてクソだぜ」と辛辣だ。

しかしメキシコ人の生まれて初めての海外旅行の行き先はキューバが一番多い事を僕は知っている。

メキシコ人がアメリカ合衆国に入国するのはちょっと難しいし、隣のグアテマラに行っても同じ顔で同じ街でつまらない。安いパックツアーが出回っているキューバへは、低開発国のメキシコからも多くの人がでかけることができるのだ。ついでに結婚相手を連れて帰る人もいるし、愛人をつくって、以後足しげく通うようになる人もいる。

豚肉の上でポーズをとる人。「撮ってくれ」

ハバナvsサンティアゴ

ハバナの人にサンティアゴの評判を訊ねると、「暑いし黒人ばかりだし坂ばかりだし田舎でどうしようもない」、という。

シェラ・マエストラの山々の南側に位置する南岸の都市には北風が届かず、いつも暑いのは事実である。奴隷船の到着する港があったのでアフリカ系の人々が多いのも事実。

逆にサンティアゴの人にハバナの評判を訊ねると、「寒いしハバナっ子はドライでだめだ、連中はセコイ」などと本物のハバナっ子のことを知ってか知らずか酷評する。

キューバ人は地域に対する執着が強い人が多い。あまり意味がないかもしれないがあえて言うならハバナは東京、サンティアゴは大阪、グアンタナモは博多、青年の島は四国、ピナル・デル・リオは札幌《さっぽろ》という感じで見れば当たらずとも遠からずだろう。

同志社大学名誉教授の神代修氏によると、サンティアゴは日本なら京都にあたる古都だそうだ。スペイン人が当初建設した首都はサンティアゴだったのだ。ベトナムならフエか。京都と大阪、まあ似たようなものだろう、というのは関東人の身勝手な謂かもしれな

今なお当時の弾痕が残るモンカダ兵営。革命はときとしてすごい想像力を発揮する。中国革命は皇帝を庭師にし、キューバ革命は兵営を小学校にした。1953年にフィデルらが襲ったここは、今では半分が小学校、半分が博物館になっている

いが、万事に控えめな京都人というよりは、サンティアゴの人々はこてこての大阪人に近い。しかし何でも日本に当てはめて考えるのは僕の悪いクセだ。

僕は幼いときから、父親の仕事の関係で日本全国を転々とした。東京で生まれたにもかかわらず、九州から北海道まで住んだことがある。都市の情緒的なあり方というのは、日本とキューバほど離れていたとしても、それぞれ何となく似たところがあるように僕には思えてならないのだ。

市内の目抜き通りには例によって闇屋やタカリ屋がたむろしている。三人の闇屋が僕を見つけて、何と三人同時に話しかけてきた。

「ヘイ、チーノ」

「あなた共産主義者ですか？」

「どこから来ました？」

これでは答えようがない。

サンティアゴ。キューバの奥。いろいろな国を旅するのなら首都周辺を知るだけなんて淋しい。ハバナだけでも食傷するほどに濃厚なキューバには、これまた暑くギラギラしたサンティアゴがこってりとした甘さを湛えて待ち構えている。

売り子になる教授

Profesora

外貨と国の通貨。ふたつの通貨に格差があれば、人々は外貨の世界への脱出を望みはじめる

青年の島（「ピノス島」の章参照）の大学で英語を教えた経験もあるルールデスは、ホテルの売店の売り子になった。日常的にドルに触れられるし、ドルでの収入も少しある。もちろん合法的にだ。今は売店の売り子だが、レストランに行った方がチップの収入は破格に良い。まわりの連中からのあだ名はもちろん「教授」だ。三〇歳。ハバナ大学出身の売り子である。

妹のベアトリスは財務局に勤めていて、聡明で働き者だ。よく働いて認められ、労働英雄として休暇には政府からソ連旅行をプレゼントされたこともある。彼女たちのお母さんは、「だから私は政府の悪口を言う気はない」と言った。

お母さんは良家の子女としてラス・ツナス州の風光明媚なリゾート地、プエルト・パー

ドレに生まれ、ハバナに出てニューヨーク銀行のハバナ支店に勤めるキューバ人の夫と結婚した。夫の転勤先であるニューヨークに滞在したこともある。今住んでいるベダードの家も革命前からの住居だ。天井の高さは四メートル以上もある。壁には絵画や東洋の皿が飾ってある。

一九五九年の革命が勝利したとき、栄達を求める当たり前の名家の一員ならニューヨークにとどまっただろう。しかしお母さんは夫とともにキューバに舞い戻った。夫がそれを望んだからだという。

今、どういった事情からか、彼女たち母子と父親とは一緒に暮らしてはいない。しかしこのエピソードを聞いて、その夫という人物にぜひ一度会ってみたくなった。

ペットの運命

ルールデスの家の庭には番犬を飼っている。経済困難が進行してから、キューバの飼い犬は不遇だ。街角で、生きることをやめる準備に入っている犬や、生きることをやめた犬が朽ち果てていく様子は、どこでも目にすることができる。栄養失調でフラフラになった犬が車に轢《ひ》かれることも多い。

ルールデスの家には、毛並みの美しいペルシャ猫もいる。この猫はめったに鳴かないし動かない。僕は置物かと思った。キューバで犬も猫も飼っている家はとても珍しい。

食料事情の悪いキューバではペットの餌を確保するのが難しいというのだ。ペットを飼っているということは、その家の人間様が食べるものにも困っているという状態ではないことを示す。もしその家の人間様が困っている場合、ペットは市中に放たれ野良化する。これまで餌は与えられるものだと思っていたペットは餌の探し方を知らない。栄養失調でフラフラになって車に跳ねられる、というわけだ。かわいそうに。

しかし、そもそも食べるものにも困っているという世帯はキューバにはほとんどない。要するに無計画なのだ。洋の東西、体制の如何《いかん》を問わず、ペットはつらいよ。

キューバにも動物愛護協会のような組織がある。ペットを捨てないように呼びかけるポスターまで作っている。

ハバナ映画祭に来た日本人女性が見かねて、これらかわいそうな動物たちの写真を撮って専門誌に投稿し、キューバ支援を呼びかけようと言っていたがどうなったか。僕は実行されることを望んでいるのだが。

拝金主義を嫌うキューバの精神主義

高い教育を受けた専門家が専門分野から去っていくキューバのこの現状は、大学の先生が続々とデパートなどに転職していく中国の状況と同じだと指摘する人がいる。中国ほどアナーキーではないが、そういうきらいも多少ある。

旧市街のバーのバーテンは元経済学者だった。彼の父親もハバナ大学の教授だという。市場経済というのは一旦導入すると勝手にひとり歩きするもので、それを生み出した人々をさえ淘汰してしまう。だとするとキューバでもそれを止めることはできないのかもしれない。

しかし未だにそういう拝金主義を嫌う若い人たちもいる。同僚が次々とホテルなどに職を求めに行くなか、教員の仕事にとどまり続けている若者もいる。

それはキューバがかつてとなえた一種の精神主義ともいえる潔《いさぎよ》さが、人々の心のなかに生きている証《あかし》ともいえるだろう。僕にはカストロやゲバラが唱えた精神主義が、一種の「武士道」だと思えてならないのだ。

ルールデスの父親

ルールデスの母親と別れた夫がある日、新市街の屋敷に現れた。妻にとっては別れた夫でも、娘たちにとってはたったひとりの父親であることに変わりはない。彼はお茶をご馳走してくれるという。

彼はなぜか汚れたTシャツに破れたズボンという、キューバ人には不似合いなヨレヨレの出で立ちで登場して僕を驚かせたが、家族は誰も何も気に留めず、娘たちは親愛の情をこめてパピーと呼んでいた。

出されたお茶とお茶菓子にいきなり手を出した僕は、彼に無言で手を払われた。ヨレヨレの恰好でも作法は貫かれる。

僕はなぜだか「李下《りか》に冠を正さず」という言葉を思い浮かべて、神妙にしていた。「大木は転べど地に着かず」の方が正しかったかな。

ピノス島

松島やああ松島や松島や。これはこの島に暮らした多くの日本人の心情だろう

Isla de la juventud

キューバには、かつての社会主義国の多くがそうであったように、革命後に名前を変えた通りや街が数多くある。革命政権は、革命の英雄の名前（その多くは革命戦争で戦死した若者だ）を通りや街につけた。もともと通りにはキリスト教の聖者にちなんだ名前がつけられていることが多く、基本的にはカトリック信徒の多いキューバでは、革命後三〇年以上を経た今でも、革命家よりも宗教的な方の呼び名が通用する場合が多いという。

キューバ本島に寄り添うように浮かんでいる「青年の島」（イスラ・デ・ラ・フベントゥ）にはアフリカやアジアなど、第三世界の子供たちを招いて教育する施設が整っている。青年の島の旧名はピノス島といった。ピノスは松という意味で、日本語でいうと松島である。この島の日本人会の名称も松島会である。

キューバで一番有名な日本人原田茂作さん

かつてこのピノス島には、日本からの移民が相当数いた。彼らは持ち前の勤勉さで、主として農業の分野で成功し、キューバ人の尊敬をかち得た。農民が土地に対していだく執着からか、彼らはフィデル・カストロらの革命軍が勝利して政権を樹立し、それがさまざまの紆余曲折《うよきよくせつ》を経て社会主義的傾向を帯びても出国しなかった。

島の日本人一世の最長老、原田茂作さんは、キューバ政府から勲章を授与されるほど、奥さんとともによく働いた。

「われわれはハラダのように働かなければならない」とキューバで一番働き者のフィデルをして言わしめたほどだ。

彼には日本の天皇も勲章を贈っている。日本人旅行者はピノスを訪れると決まって原田さんのお宅にもお邪魔する。有名人なのである。

旅行者を迎えて原田さんは、まず昭和天皇の死に心からの哀悼の意を表し、キューバの勲章と日本の勲章を見せてくれる。気分が良いと日本酒がふるまわれる。キューバで日本

原田さん一家

酒は貴重だが、彼は「もう一杯飲んで下さいませんか」と九州男らしい潔さで本心から酒を勧めるのだった。

監獄

ピノス島の中心は、ヌエバ・ヘローナ（新ヘローナ）である。僕の悪いクセで旧ヘローナはどこにあるのか気になって尋ねたら、それはスペインにある、といわれた。

ダイビングやバードウォッチングなど、自然のアクティビティ以外にはほとんど見るべき観光施設のないピノス島で、ひとつ見るべきものをあげるとすれば、それは監獄である。

モンカダ兵営襲撃のあと、フィデル・カストロや弟のラウルが収監されたことは有名だが、第二次世界大戦では連合国だったキューバでは、当時の枢軸国側の日本人移民が監獄に収容された。

アメリカ合衆国本国では、白人であるドイツやイタリアの移民は収容されなかったが、キューバではドイツ人もイタリア人も収容された。敷地内は意外と広く、ゆっくり見て回

勲章を手にした原田茂作さん

ると一時間ぐらいはかかるだろうか。
僕にはドイツ人もイタリア人も収容された事実は意外だった。

ピノス島で勉強する第三世界の若者たち

ピノス島で勉強している第三世界の学生は約五千人。以前は約二万人いた。島の人口は約十万人だから、島の人口の約二〇%がアフリカをはじめとする国々の学生だった時代もあるのだ。

僕が島を訪れた一九九四年の暮れ、ヌエバ・ヘローナは妙な雰囲気の町だった。街のドル・ショップに、キューバ人でも観光客でもない人があふれかえっていた。

アフリカからの学生は、キューバのアフリカ系市民と比べても圧倒的に色が黒いのと、着ているものがやたらと派手なのですぐわかる。カール・ルイスとかボビー・ブラウンのような髪型が多い。

ジンバブエ、ナミビア、アンゴラ、ガーナなどから来ている彼らは、帰国すれば即座に権力の中枢で仕事をすることになるのだろう。

ポケットにレーニンの本を無造作につっこんでサンドイッチを食べている学生もいる。少ないが女性もいる。ナミビアから来ている女子学生が話しかけてきた。あと四年は帰らないという。こちらでジンバブエ人の恋人もできた。少ないがベトナムなどアジアからも来ている。朝鮮民主主義人民共和国の学生、彼らもすぐわかる。胸に必ず金日成のバッヂをつけているからだ。

学生たちは日がな一日、ドル・ショップでたむろしている。クリスマスの休暇だったのかどうかわからない。中にはどんなカラクリか、どう見ても不良化して、見た目ではギャングと化した輩《やから》もいる。第三世界の次代を担う若い人材を受け入れているはずのキューバ側も頭が痛い。

五千人でも市内にあふれかえっているのに、二万人のときはどうだったんだろうと余計なことを考える。

彼らは夕方、最終バスの出る時刻になると、島の方々にあるそれぞれの宿舎までバスで一時間かけて帰っていく。学生がいっせいにサーッといなくなると、ドル・ショップも閉店だ。

ヌエバ・ヘローナの夜は早い。早すぎる。僕は、街の中央にある芸術学校が、その夜もし実技の発表会を催さなかったら、たいくつな時間を自力でつぶすことはできなかっただろう。

『宝島』のモデルになった島、ピノス島。こんど行くときは原田さんに日本酒を持って行こう。

第二次世界大戦前に作られたモデル監獄。今は博物館

グアンタナモ

Guantanamo

キューバの奥のもっと奥は、ハイチからの玄関口。そしてアメリカ帝国主義も玄関口を構えていた

キューバ東部の街、グアンタナモはアメリカ合衆国の海軍基地があることで有名だ。一九〇二年の独立の際に、支配の継続を図ったアメリカ合衆国はプラット修正条項という項目をキューバ共和国憲法に附帯させてしまった。そのために米軍は国際法上〝合法〟的にキューバに居すわり、〝双方の合意〟なくして撤退することはない。

プラット修正条項当時はハバナからほど近いオンダ湾にも基地を持っていたが、のちに撤去された。グアンタナモ基地は、社会主義国の領内にある帝国主義国の基地という、東西冷戦当時から世界史に類を見ない存在として現在に至っている。

以前は米軍側からの発砲事件で、キューバ兵が何人も死んだ。これまでの挑発事件は一万件にものぼり、毎年四月下旬には追悼式典が盛大に開かれる。

式典では、街の規模からすると不釣り合いなほど広く立派な広場に、街の人口からすると不釣り合いなほどたくさんの、一万人以上が集まる。テレビで見たこの式典の全体的な主役は、軍であった。アメリカ帝国主義との「境界」をもつ最前線の街では、ハバナにいては想像もできないほど軍がとりわけ重要な役割を果たしているように見えた。

米軍基地見学ツアー

発砲事件で死者も出したグアンタナモ基地だが、今では見学することができる。ハイキング気分で出かけることはできないが、この街で唯一の外国人用の宿泊施設、ホテル・グアンタナモを通じてツアーを申し込めば、ひとりでも見ることができる。

ホテルの広報担当と、見学ツアーの担当、そしてタクシーの運転手、最後に僕。旧ソ連製ラッダは大男の黒人二人と小男の黒人ひとり、そして小男の東洋人を乗せただけで、息も絶え絶えになって走った。

車は事実、行きに一回、帰りに二回もパンクした。タイヤがすり減りすぎて、中のチューブがほとんどむき出しになっていたのである。日本では乗っていた車がパンクした経験など一回もないが、キューバでは僕は一〇回を超える。

観光客の物見遊山《ゆさん》とはいうものの、通過するのはきっちり軍のテリトリーである。ちゃんと軍の検問所を通る。しかしとてものどかな検問所だ。検問所の写真を撮っていいかと聞いたら、だめだといわれた。

地の果てのような殺風景な地域をラッダで突っ切り、ようやく展望台への入口に着く。展望台の入口は、観光地のような検問所のような独特の雰囲気を漂わせている。少年のような警備兵がふたり、テレビを見ながら任務に着いているが、どうみても退屈している。詰め所では犬が走り回っていた。ここでみんなにコーヒーが振る舞われる。東洋人の来客は歓迎されたのである。

ここからは歩く。更に、コンクリートで作られた階段が延々と続く。そしてようやく展望台の麓《ふもと》に到達する。

ここから先は、すべての施設がコンクリートで覆われた要塞になっている。ここで、迷彩服を着た兵士からレクチャーがある。基地の地形の模型を前に、米軍基地側の人口構成、簡単な歴史的事実などが説明される。そしてようやく展望台へＧｏである。

らせん型にくねった上り階段の上り口には、杖が完備してある。タクシーを降りてから展望台まで延々と上り階段が続くので、年配の人にはちょっとたどり着けないだろう。グアンタナモ基地へは若いうちに行け、である。僕が年を取るまで、あのならず者たちがキューバ国内に居すわっているとは思いたくないが。

階段の傍《かたわ》らには設置予定のエレベーターのための大きな穴が空いている。何年も空きっぱなしでエレベーターが開通する気配はみじんもない。

汗だくになって展望台にたどり着くと、目の前に広い広い湾が広がって見える。

ここから見えるグアンタナモ基地は、基地というよりはひとつの風景である。基地の基地たる部分、つまり滑走路や兵舎などはここからは隠れていて見えない。ここから見えるのは兵隊やその家族の住む街であった。五〇〇ミリの望遠レンズを持参すれば、米軍側とキューバ側の間の地雷源、そして米軍側の一角に翻《ひるがえ》る星条旗、キューバ側の監視塔などのディテールをカメラに収めることができるだろう。三〇〇ミリだと少し難しい。展望台にはデパートの屋上にあるような大型の望遠鏡がしつらえてあるので、望遠レンズを持参しなくても眺めることはできる。

迷彩服着用の兵士兼ウエイター

「何か飲むか？」

ホテルの広報担当が聞いてくる。何か？　あるならば飲もう。基地を見ながら、ビールを。

そしたら、あった。

レクチャーをし、案内をしてくれた寡黙《かもく》で礼儀正しい兵士は、ウエイターをも兼務している観光兵士だったのだ。迷彩服を着た彼の所属は軍以外の民間会社などではありえまい。ビールを出してくるとともに、彼はラジカセを出して米軍基地にも届けとばかりにサルサを大音響で鳴らしはじめた。するとこのビールは軍が仕入れて観光客に売っているのか。よく見てみると、展望台はレストランにもなっているらしかった。つまり軍経営のレストランなのか。基地見学をも観光コースにしてしまうとは。

ここはキューバ観光立国の最先端ではあるまいか。なぜか複雑な心境になった僕だったが、もうここは酔っぱらうしかあるまい。

グアンタナモの観光兵士

瀟洒《しょうしゃ》なホテル・カイマネーラ

グアンタナモ基地からほど近い場所に、カイマネーラという小さな町がある。グアンタナモ第二の外国人用ホテルとしてホテル・カイマネーラもあった。

かつて、そしていまだに漁師の町であるカイマネーラを散歩すると、軒先に安楽椅子を出して海を眺めている老夫婦がいた。おだやかな湾、おだやかな人々、美しい風景、悪くないなと僕は思った。次回グアンタナモに来たときは、ここに泊まろうと思った。プール、プールサイドのバー、湾を見渡すレストラン、低層の瀟洒な客室棟も気に入った。キューバ中でもこれほどのホテルはないと思った。宿泊料金を聞いたら、ハバナの三ツ星ホテルぐらいの値段だった。

しかし、ホテル・カイマネーラはクローズしてしまった。カイマネーラの町にも自由に行き来できなくなってしまった。

一九九四年夏の大量出国騒ぎは日本でも竜頭蛇尾に報道されたが、そのとき出国を図った人々のほとんどはマイアミからグアンタナモ基地に送還された。グアンタナモ基地を嫌

グアンタナモの目抜き通りで、僕たちの車はクネクネした男に道をふさがれた

った収容者は、湾を渡って地雷源を横切ってキューバ側に再脱出する者が後を絶たないという。再亡命である。

そういった脱出者のために、今度はキューバ側でも受入れ施設が必要になったというのだ。カイマネーラはそれに当てられた。

「カイマネーラは軍の施設になった」とだけ、ホテル・グアンタナモのスタッフは言った。僕が出国騒ぎとの関連を耳にしたのはハバナに戻ってからだ。

だから今ではグアンタナモの周辺には、外国人用の施設はホテル・グアンタナモしかない。ホテル・グアンタナモの中にあるレストランしか食事をする場所はない。

ハイチ、アフリカ、グアンタナモの文化的ルーツ

とはいうものの、この街は歩けば歩くほどのめり込む何かを持っている。ぷいと歩けば、空き地でドミノに興じる男たちの横でチャングイ（グアンタナモ独特の音楽のスタイル）の演奏をしている男たちがいる。

路地裏のボロ家では、ハイチの影響が濃いという黒人舞踊のチームが汗だくで練習して

汗だくで練習する舞踊団のメンバー

いた。チームの長老らしき老女は覗き込んでいた僕を招き入れた。するとチームの全員が拍手で僕を迎え入れてくれたのである。僕は熱くなった。感動した。

これがグアンタナモだ。そしてこれは本来の沖縄人気質に似ている、と沖縄ファンでもある僕は脈絡もなく思った。

基地のおかげで英語が話せる!?

街の中央公園では、夜になると市民オーケストラが始まる。この公園に集まった子供たちが僕のまわりに群がって口々に「キューバ人?」とか「どこの学校?」とか質問を飛ばした。子供たちのひとりとして、ハバナやサンティアゴのようにガムや小銭をねだる者はいない。

そしてグアンタナモ基地があるおかげで(?)、すべての家庭では米国のTV放送が受信可能。のみならず、たいていの小学生は少しばかり英語を話せて、小学生でもハローと声をかけてくる。ホテル・グアンタナモのスタッフもほぼ全員英語が話せる。ホテルの広報担当は英語の勉強のために、よく米軍放送のバスケットボールを見ると言った。見るこ

空き地でチャングイの練習をするミュージシャン

とを禁止してもおとなしく従う人はいないが、そもそも禁止されていないようだ。

キューバ最東端の街はやっぱりユニーク

ある晩、ホテル・グアンタナモの外国人客は僕ひとりになった。昨晩レストランにいたアメリカ人の親父が、レンタカーでバラコアに発《た》ってしまったからだ。僕もキューバ最東端の、サンティアゴより古いキューバ最古の町、バラコアを目指していた。基地ツアーにつきあってくれたホテルマンのペドロ・オペ（なぜか、ピーター・ホープと英語読みで自己紹介し、周りもそう呼んでいた）が、アメリカ人の名刺を僕に見せながら「ヒュー」と口笛を吹いた。名刺には「アメリカ合衆国利益代表部」と書かれていた。

アメリカ人が基地見学に行ったらどんな気持ちを持つのだろうか、とふと考えた。キューバ鉄道最東端の町、グアンタナモはやはり、ユニークである。

日本料理店出店計画

Japanese Restaurant

ビールにラム、連日の深酒で、国の料理が恋しくなる人もいる。ハバナには世界中の料理があるが、日本料理はない

キューバに気分の良い酒場は少ない。酒場はイコール観光地であって、日本のようにはいかないのだ。支配人やバーテン、ウエイトレスも、そう何年間も同じ場所で働いてはいない。昨今は自営業も登場しているが、飲食業の自営はまだ少ないのが現状だ（それでもあちこちで自営飲食店が営業を始めている。ゲイバーなんてのもあるといえばある）。

街を歩いていたら感じの良いバーがあったので入ってみたらこれがアタリだった、というような例はキューバでは絶無なのである。

バーやレストランは観光をつかさどる官庁や本社機構によって中央集権的に管理され、マップや観光案内に洩《も》れなく記載されている。大型の観光バスで運ばれてきたパック・ツアーの観光客が、添乗員さんに引率されて名前も知らないバーに連れこまれるのが一般的

だ。タクシーの運転手は、それら飲食店すべての場所が頭の中にインプットされている。

人知れず、ひっそりと落ち着いた、観光客のいない、僕だけ私だけの酒場、というのは成り立ちえない。かりにそんなのがあったとしても早晩支配人は成績不振の責任を問われて左遷され、店はリニューアルだ。

日本の国会議員の焼き鳥屋出店計画

キューバに来た日本人観光客が必ず考えつくのは、ハバナで日本料理店を始めたらウケる、というアイデアである。パチンコ屋をやったらウケる、というアイデアもあったが、それをやったら革命前に逆戻りだ。

現在ハバナのレストランの質は率直にいって玉石混淆《ぎよくせきこんこう》。店内は不潔で従業員のヤル気もなければ味も最低、という店もときどきある。美味い店はたいてい高い（不味《まず》い店も必ずしも安くはないが……）。

これでも成り立ってるんだからと、酒を飲みながら大風呂敷を広げる日本人が多いのもうなずける。それを実行に移そうとした企業もあったのだが、いまのところ実現していない。

日本の国会議員がキューバの観光開発に大々的に乗り出し、事業の一環としてハバナで焼き鳥屋を始めるという噂も持ち上がったが、彼はその後、キューバに見向きもしなくなり、その後は朝鮮民主主義人民共和国でプロレスをしたりした。ホテル・ナシオナルにあった彼の事務所もほったらかしで、キューバ人スタッフの給料も未払い。これでは焼き鳥屋もオープンしない。情けないやら不甲斐ないやらだ。そして彼はその後の国政選挙でもちろん落選した。日本食のレストランや飲食店ができたら雇ってもらおうと、固唾《かたず》をのんで皮算用をつけている日本の女たちがゴマンといたというのに。

キューバで安宿の親父になるのもいいか

僕にはもうひとつ、夢のようなアイデアがある。

アジアを旅するのに欠かせない安宿にゲストハウスというのがある。あれをキューバで経営するという企画である。

僕がキューバで見つけた最低料金の宿はサンティアゴ・デ・クーバのホテル・レックス

で、六ドルだった。ハバナには外国人が泊まれる一四ドル未満の宿はない。キューバのホテルは一般的に安い方から埋まっていき、高級ホテルはいつもそれなりに空いている。それならば……。

どうです？　ハバナで安宿。夢のような企画だと思うんだけどな。

ところで、観光客に思い切り背を向けた、それでいて居心地の良い酒場を探すなら、観光開発の進んでいない地方を目指すべき。ピナル・デル・リオの市中で見つけたラ・タベルナというレストランは奇跡的に、キューバ人の本質にせまる、ホスピタリティにあふれた、美味の、落ち着いた酒場でしたよ。

日本人の子供

在キューバ日本人一世の人口は三〇人余。
しかしキューバの日本人社会には、遠い日本に帰ってしまったお父さんのことを思いつづける二世も多い

Cuban Japanese

一九六〇年代初頭、日本はキューバに漁業協力の人間をたくさん送った。漁業協力は七〇年代まで続き、その後、彼らは帰国していった。そしてその多くは二度とキューバの土を踏むことがなかった。

彼らの子供がハバナにはたくさんいる。名前も名字も日本のものだ。自分の名前を漢字で書ける。

連れ合いが帰国したあと、キューバの女はキューバの女らしく、別の伴侶《はんりょ》を見つけて結婚していった。

子供たちは成長して、お父さんの国が日本といい、遠い極東の、すばらしい発展をとげた国だということを誇りに思っている。

韓国製はダメだが日本製品は良い。昭和天皇の名前、今の天皇の名前、皇太子の名前もちゃんと言える（首相の名前は知らない）。皇太子のお嫁さんは美人だと思い、僕が天皇の次男坊のお嫁さんの方が綺麗だというとけげんな顔をする。

昭和天皇の死去でキューバが三日間喪に服したり、阪神大震災でカストロが天皇に見舞い電報を打ったキューバ共産党機関紙「グランマ」の記事は切り抜いて取ってある。

日本のお父さん

二〇年以上前の住所をたよりにお父さんに手紙を書くが返事がきたことがない。ときには開封せずに送り返してきたりもする。みんなお父さんが日本でも結婚していた、あるいは帰国してから結婚したであろうことを知っている。

キューバでの結婚は、サインひとつで簡単にできるのだ。日本の戸籍が汚れることもない。手紙を書くことはお父さんの家庭に少なからず問題を引き起こしかねないことを知っている。お父さんの妻は手紙をお父さんに手渡してくれないかもしれないと感じている。

しかし親を思う子の情というものは、親の事情に属する要素ではない。だから東洋人の

ハバナ港の夕暮れ

旅行者を見つけては日本人かもしれないと思い話しかけ、日本への手紙をことづけるのだ。

ハバナの日本人会の長老である一世のAさんの家にも、ときどきこのような子供たちが訪れる。お母さんが病気だと日本のお父さんに伝えたいという子供もきた。九〇歳を越えたAさんは困ってしまう。助けたいが、キリがない。

フィリピンでは、日本企業の駐在員とフィリピーナとのあいだにできた子供、ジャピーノの問題が最近クローズアップされている。あちらも任期が解けて帰国したらジ・エンドだ。キューバでは、そこは社会主義、漁業指導員が帰国したらすぐさま路頭に迷う母子はいなかったが。

恋愛は一日にしてなるキューバ

キューバで女の子を口説くのに言葉はいらない。ハバナの街角でバイクに腰掛けて好みの女の子が通ると声をかけて後部シートを指さし、乗っかってきたらディスコに行き、踊りながらギュッと抱きしめるだけだ。

今では、キューバ人と結婚する日本人は、圧倒的に女が多い。日本に公演でやってきたダンスチームやバンドのメンバーをキューバまで追いかけてきて、あるいは観光で来て恋に落ち、結婚までしてしまう例が急増中である。キューバでは、恋愛は一日にしてなるのである。ハバナ在住のある観光ガイドの女性は、常に十組以上の結婚相談を持ちかけられていると語った。

「でもダンサーとミュージシャンだけはねえ……」

僕の知っているカップルは、キューバと日本の両方に婚姻届を出した。おめでとう。これではちょっとやそっとでは別れられそうもない。

なぜキューバに行くのですか——Why do you go to Cuba?

ガイドブックのない国に行こう。
そう思って初めてキューバの地を踏んだ僕が、
今、キューバのガイドブックを作っている

なぜキューバにばかり行くんですか、とよく聞かれる。この問いには困る。「いやあ、ハマっちゃって、ヌケられないんですよ」などと答えるが、それは現象であって理由になっていない。

キューバにだけ行っているわけではないが、フィリピンにしてもインドにしても台湾にしても、他の国々は一、二度行けば僕にとってはなぜかもう十分であって、キューバが僕にとって少し特別な国になった理由はうまく言えない。

「行くようになったきっかけは何なんですか」

「最初はどうして行ったんですか」と相手は執拗《しつよう》にたたみかけてくる。

僕の嗜好《しこう》を理解しようと、あるいはコミュニケーションの共通の土台を作ろうとしてくれる親切心とは承知しているのだが、そうでなくても「キューバってどこにあるんですか」とか「大丈夫ですか危なくないですか」などという質問に答え続けているのである。

質問ならまだ良い。

「ははーん。樋口さんアカですね」などとしたり顔で言う若い人もいたりして、社会主義国の観光は社会主義者がするものなのか、と絶望的な気持ちになってしまう。何に絶望するのかうまく言えないが……。

アカ、である。こういった場合、相手を納得させる答えをいうのは僕にとっては不可能である。しかし逆の立場だったら僕もそういう質問をしたことだろう。タイやインドではぼ現地人化した長期滞在者にそういう質問を僕もしてきた。

「なぜインドに来たのですか」

ホセ・マルティ空港に降り立って

僕が最初にキューバに行ったのは、ソ連邦消滅前の一九九一年夏。ソ連邦消滅のきっかけとなった保守派のクーデターは、僕がハバナから帰国の途につく日に起こった。

経由地であるサンフランシスコでは新聞のトップに「ゴルバチョフ・アウト！」の見出しが踊っていた。日本のバブル景気はとっくに死に体になっていたが、空港待合室では日本人のＯＬが、ゴルバチョフが死んで株が下がったらどうしよう、などと言っていた。今なら考えられないが、一億総財テクの時代だったんだな。

ベルリンの壁はもう存在せず。東欧では激動の政変劇が続いていた。社会主義国はこのまま いくとすべて雪崩《なだれ》をうってひっくりかえるかもしれない。ひっくりかえる前にひとつは見ておこう。そう思って、ベトナムかキューバのどちらにしようかと迷った挙げ句、結局、僕はハバナに降り立ったのだった。どうせなら遠くて滅多に行けない国に行こう、日本語のガイドブックのない国に行こう、と。

ホセ・マルティ国際空港に降り立ち、市内に向かうタクシーの車内で、すでに僕は報道のいいかげんさというものにうんざりしていた。人々は楽しそうだし、何より力がみなぎっている気がした。この国は簡単には倒れない。日本の新聞を鵜呑《うの》みにしちゃいかん。

それがキューバ第一歩の素直な印象だったのである。

青年の島の芸術学校にて

凝《こ》ることとその国の人たちに溶け込むこととのはざまで

ダンスに興味があって、とか音楽が好きで、というなら話はわかるのだが、とでも言いたそうに相手は言葉を続ける。

「キューバねえ」。

その会話が交わされて以後、僕に関して、キューバなんかに凝っているちょっと変わった人という評判がたつことになる。タデ喰う虫も好き好きだね、といわんばかりだ。もちろんタデ喰う虫も好き好きである。ハワイに凝っている人もいる。ジャマイカに凝っている人もいる。インドや東南アジアに凝っている人はゴマンといる。アフリカに凝っている人もいるのである。変わってるという線引きはどこでするのだろう。

なかなか行けない国、行く人が少ない国は、発見者になった気分と私だけが知っているというヤマっ気も手伝って、熱狂的に凝る人が誕生しやすい。

そういう人たちの中には、私だけの○○という風にオタク化する人が生まれやすい。最近凝り始めたからって何よ、という心境に陥って、イマドキの人たちに私の○○を荒らさ

夏休み子供のど自慢大会

なぜか横一列に並んで歩いていた７人の女子高生

れたくない、と思い始めたらもうそれは常人には手の届かない境地である。

タイでもインドでも韓国でもフィリピンでも、安宿に長逗留して、したり顔のわけ知り顔で日本人バックパッカーのリーダー面をしているその手の人に出会うことがある。

しかしそんなものは自己満足に過ぎない。本当にその国のことが好きで、その国の人の気持ちが好きでわかる人は、たいていはその国の人のようになってしまっている。絶対安全地帯のホテル（それが安宿だとしても）なんかにはいない。

それらの国々にとって僕はただのお客だ。どんなに凝ってもそこは僕の領地にはならない。

終　章

転がる石のように生々流転《るてん》を繰り返す、開放経済のもとでのキューバの現状。キューバへ行き、感じ、真実を獲得せよ！

Fin

キューバを旅行する日本人旅行者が増えている。一九九一年には年間七五〇人といわれていたのが、一九九五年には二千人を超えた。キューバの観光立国政策の本格化、世界的なワールドミュージックのブーム、コロンブス五〇〇年でラテンアメリカが注目されたこと、バルセロナ五輪でたくさん金メダルを取ったこと、などなど諸々の理由がある。

もちろんこの数字はジャマイカの一〇分の一以下に過ぎないのだが、直行便のないキューバへ二日もかけて入国する旅行者が二千人もいて年々増えているというからには、もし直行便が就航した暁には、この数字は爆発的に伸長していくはずだ。

キューバへ行くと聞いて、たいていの人から言われるコトバは「大丈夫？」。この「大丈夫」にはいろいろな意味が含まれている。キューバはラテンアメリカの発展途上国で、独裁的な社会主義国というイメージを持っている人がまだまだ多いのだ。

しかし想像に反して首都ハバナは南北アメリカ大陸の国々のなかでもっとも安全な首都であり、夜間の女性のひとり歩きが可能な、世界でも希有な都市のひとつである。今の日本の方がよほどアブナイ。

ハバナの街並みには前世紀のスペイン植民地時代の建物が多く残り、一九五九年の革命以前に製造されたアメリカ車は、工学の常識に反して今でも第一線で街を走り回る。

前世紀、前前世紀の街並みが残るハバナ・ビエハ、シティホテルやビルが林立するベダート、高級住宅や外資系企業の優雅な社屋が多いミラマールと、ハバナは主として三つの役割を担うそれぞれの地域からなっている。

街全体がスペイン帝国植民地時代、米国支配時代、革命後をナマで見られる博物館のようでもある。旧市街の先端のもっとも古い街区では、朽《く》ちかけた建物がつっかえ棒により倒壊を免れているぐらいだ。そんな建物の中にも人は住んでいる。

旧市街、人の多さと天性のなれなれしさ、そして街全体が発する独特の匂いで、旅行者は瞬時にその懐《ふところ》に取り込まれてしまう。キューバは世界中の国々でもっともリピーターとなる率が高い国である。キューバに首を突っ込んで抜けなくなってしまう人があとを絶たないのだ。

日本人にはまだなじみのうすいキューバかもしれないが、ここ数年の観光立国政策により、観光開発がものすごいスピードで進められている。

世界一長い直線の海岸線をもつバラデロをはじめ、ビーチやマリンリゾートには、この国が一方でもっている堅苦しいイメージからは想像もできないくらい豪華なリゾートホテルが林立し、カナダ、ヨーロッパをはじめ、世界中から何十万人もの観光客が押し寄せている。寒い国の人々にとってはまさにパラダイスなのである。二一世紀初頭には、カリブのホテルの三分の一はキューバが保有している計算になるという。それほどホテルの建設は急ピッチで進んでいる。キューバを半年留守にすると、バラデロといわずハバナといわず、サンティアゴといわず多くの都市で一つや二つは必ずホテルが出来上がっているという感じだ。観光客の便宜をはかるサービスもどんどん整備され、市中では日本円の両替すら可能だ。革命によって長い間封印されてきた天然の観光資源が、一九九〇年代に入ってどんどん開封され始めたというわけだ。

踊りこそわが人生、と考える人が多いキューバ各地でも、一九九〇年代に入り最大の後ろ楯《だて》のソ連が消滅してカーニバルの中止すらが相次いだ。物資不足が原因だ。

キューバは一九六〇年代の初頭から三五年にわたる米国の経済封鎖を受けているため、経済的困難が常態化している。一九九三年がその経済困難のピークで経済危機とさえいわれたが、その後ドル所持の解禁（それまでは市民はドルを所持できなかったのである）をはじめとする経済のドル化、農産物や雑貨などの一部自由販売制（市場経済の導入）、外資導入の活発化など、一連の経済改革が軌道に乗りはじめたことで、明るいきざしが見えはじめたというところだ。いっとき、旧市街を歩くと何ともいえないギラギラした欲求不満が街全体にただよっていてさすがにビビったが、ここ一年でそれはすっかり解消されてしまった。農産物自由市場はかつてないほどの肉、米、野菜、家畜であふれかえり、モノ酔いするほどだ。市内のあちこちでは毎週末にバザールが開かれ、人とモノでごったがえしている。サンティアゴ・デ・クーバをはじめ各地でカーニバルの復活が完了した。あとはハバナでの復活を心待ちにするだけだ。

街全体が博物館でありディスコである空間。世界でも類を見ないテーマパークのような国、キューバにハマってみるのも、ちょっとコワいけど一興ですよ。

ハバナ、変化の中で——あとがきにかえて

モノがあふれている。ハバナの街角に立つ警官の数も増えている。モノがあふれた結果、ゴミも増えている。以前のように観光客に群がる子どもたちはいない。街歩きは楽になったが、ガソリンの供給も落ち着いてきて旧市街では車をよけるのに苦労する。朽《く》ちかけた前世紀の街並はUNICEFの支援で修復が開始され、もう五年もすると完全に見違えるようになるだろう。つまり、景観保全の工事で景観が変わるのである。

ひさしぶりにハバナに降り立った僕は、街歩きを始めて五分もしないうちに、街の変貌ぶりに目を見張った。ゴミ捨て場には以前では考えられなかったものが捨てられている。例えば便器、ソファ、タイヤ……。ほんの少し前まで、家庭ではペットボトルやドル・ショップのナイロン袋までが貴重品であるかのように扱われていたが、人々の暮らしは一変していた。大量消費社会の到来。確実に時代は変化したのである。

大量消費社会の到来、そしてさまざまな規制緩和や自由化とともに、人々の嗜好《しこう》にも変化が訪れたのは言うまでもない。かつて国民全員が貧しさの中での平等を享受してきたの

とは逆に、人々は個人的な豊かさに向かって邁進《まいしん》しているように見える。貧しさの中の平等という国づくりが、僕にはあながち間違っていたとは思えないし、人々は今よりももっと輝いていたとさえ思えるときがあるのだが、チョイスのない社会、オプションのない世界観はずいぶんと人々を疲れさせてきたに違いない。その反動は人々の生活を大いに突き動かしている。人々は突き動かされるように、豊かさに向かって突進しているように見える。

一方で革命の英雄で四〇年以上にわたって指導者の座にあるカストロ議長のもと、社会主義的な計画経済も姿を消したわけではない。革命的プロパガンダも、街中のあちこちで目にする。

キューバ人の特徴を僕は、すべてを包含し、混合していく力だと思っている。アフリカもヨーロッパも、社会主義も市場経済も、すべてがカリブの熱い太陽に呑《の》み込まれ、異化され、独特のありようとなってあらわれる。商魂と革命は相容《い》れないように見えながら、実はたくみに楽園の空気にまぎれ、その両方ともが僕たちの肌にまとわり、五臓に染みわたってくるのである。革命の英雄チェ・ゲバラの記念品ですら、この国ではおみやげ品の筆頭に数えられるのだから。

キューバ旅行ガイド

本書を読んで、キューバに行ってみたいと思って頂けたらこれにすぐる喜びはない。キューバに行く人が増え、日本の気温がもう少し上がることが僕の念願である。以下に簡単なキューバ旅行ガイドを記すが、もっと詳しく知りたい人は拙著『キューバ―旅のガイド』（三修社）をひもといてほしい。

【キューバに行く方法】

キューバへ行く一般的なルートは、日本から北米西海岸（カナダのバンクーバー、米国のサンフランシスコやロスアンゼルス）を経由してメキシコ・シティに入り、そこで一泊して翌朝にハバナを目指す方法である。ＪＡＬのチャーター便が二〇〇〇年以来、何度か就航しているが、定期便就航まではまだ時間がかかる見通し。

キューバの入国には、ビザのかわりにツーリストカードを駐日キューバ大使館で取得することが必要。取得を旅行代理店に依頼することも可能だが、個人でも簡単な手続きで取得できる。

駐日キューバ共和国大使館
〒一〇六―〇〇四四　東京都港区東麻布一―二八―四
電話番号　〇三―五五七〇―三一八二
午前九時三〇分～午後五時三〇分（木・金曜は午後五時まで）

キューバに強い旅行代理店（現地にガイドが常駐している）
アクロス
〒一六〇―〇〇二三　東京都新宿区西新宿一―一九―六山手新宿ビル
電話番号　〇三―三三四〇―六七四四
午前一〇時～午後七時（土曜は午後五時まで）

【お金】

物価はアメリカ合衆国並みと思っておけば良い。キューバの国の通貨はキューバ・ペソだが、観光客はドル払いが原則。ホテルやタクシー、レストランの飲食など、あらゆるものはドルで支払いをする。街にはドルとペソの両替所があるが、観光客にはあまり役に立たない。キューバでは日本円から米ドルへの両替も可能だが、日本を発《た》つときに用意していった方が良いだろう。

クレジットカードは多くの場面で使用可能。シティバンク系やアメックスなどの米国系のカードは、経済封鎖の関係で使用できない。VISAやマスターなどは使用可能。トラベラーズチェックは三％程度の手数料がかかることがあるので利用価値はやや低い（これもシティバンクなど米国系のトラベラーズチェックは使用不可）。

【ホテル】

キューバでは外国人用にツーリストホテルが用意されている。四～五ツ星のホテル（宿泊費は約一万円から）ではカリブのリゾートの雰囲気が、二～三ツ星のホテル（宿泊費は約二〇〇〇円から）ではラテンアメリカのバジェットツーリスト気分が味わえるだろう。

キューバで最高のホテルはその名も〝ホテル・ナシオナル〟。コロニアル建築の重厚な外観で、あらゆる面で最高のホスピタリティを味わえるはずだが、〝メリア・コイーバ〟、〝メリア・ハバナ〟など、比較的新しいホテルも人気が高い。

【ことば】

キューバで話されることばはスペイン語だが、最近では例えばホテルのフロントなどでは英語はたいてい通じるようになった。フランス語、ドイツ語を話すフロントマンもいるが、日本語を話す人はまだ少ない。観光業に携《たずさ》わる人はたいていは英語が必修になっているので、ホテルに泊まって観光地をめぐり、レストランで食事をする程度ならまったくスペイン語が話せなくても困らないはずだ（日本語しか話せないという人は会話集ぐらいは持参した方が良い）。

僕も最初はまったくスペイン語を話せない状態でキューバの地に降り立ったが、キューバの人は相手の言い分を理解しようという態度で接してくれるので、コミュニケーションは成立するはずである。身ぶりと手ぶりと情熱でトライしてほしい。

【キューバ観光モデルコース】（本項は『キューバ旅のガイド』より抜粋した）

◆ハバナ探訪

全期間ハバナ滞在

初めてのキューバで、滞在期間も短く、とにかくキューバを極めたい人は、事情の許す限りハバナに滞在して、この不思議な魅力に富んだ街を歩き倒してみよう。深入りすればするほど、奥の深さを実感することだろう。旧市街に宿をとり、ハバナビエハを歩き回り、マレコン通りを散策し、ナイトクラブに出かけてみよう。

◆ビーチリゾート

ハバナ↓バラデロ↓ハバナ

ハバナは短期間の滞在にしてバラデロに移動し、好きなだけ滞在する。ホテルは現地に着いてから気に入ったところにチェックインすれば良い。キューバのビーチリゾートはバラデロのほかにもいくつかあるし、俗化しているきらいもあるが、世界で一番美しい海岸を一度は体験しておくのも一興。

◆コロニアル歴史散歩

ハバナ↓トリニダー（2デイツアー）↓ハバナ↓バラコア（飛行機利用）↓ハバナ

キューバの古都、トリニダーを二日間かけて味わうツアーがハバナから出ている（シエンフエゴスにも立ち寄る）。ツアーを申し込む以外には長距離バスで訪れるほかない。またキューバ最古の町のひとつ、バラコアへはハバナから飛行機も飛んでいるので自由旅行者が立ち寄りやすい。キューバの原風景ともいえる二つの町を味わう旅。

◆革命的観光

ハバナ↓サンタ・クララ↓サンティアゴ・デ・クーバ↓ハバナ

キューバ革命の勝利を確実なものとした、サンタ・クララでの火炎瓶の乱れ飛ぶ市街戦。この作戦の司令官チェ・ゲバラを記念して、サンタ・クララはゲバラ・シティの異名を持つ。またキューバ第二の都市サンティアゴ・デ・クーバは一九五三年七月二六日にフィデル・カストロらがモンカダ兵営を襲い、革命ののろしをあげた象徴的な町。このほか、シエラ・マエストラのトレッキング・ツアーのコースなど、キューバでは革命的観光コースには事欠かない。

◆四都物語

ハバナ↓バラデロ（2デイツアー）↓ハバナ↓トリニダー（2デイツアー）↓ハバナ↓サンティアゴ・デ・クーバ（自由旅行）↓ハバナ

キューバで観光客がもっともよく訪れるハバナ＋二都市＋リゾート。バス、列車、飛行機に乗って自由旅行で訪れても良いが、バラデロ、トリニダー、サンティアゴ・デ・クーバへはハバナからオプショナルツアーが出ている。

【おみやげ】

おみやげ売り場はキューバ中にあるが、キューバのおみやげは充実の途上にある。ハバナ市内に数カ所ある〝おみやげ市場〟を訪れてみよう。百軒ほどの屋台が軒を連ね、観光絵画やゲバラグッズ、楽器などのアイテムが用意されている。

人気の高いおみやげ品は、ラム酒、葉巻、コーヒーなど、キューバの特産品だ。ラム酒ならハバナクラブ、葉巻はモンテクリストやコイーバ、コーヒーはクリスタルマウンテンがホテルの売店や空港などで売られている。

（この作品『キューバで恋する』は、一九九六年一月、批評社から『キューバへ』として四六判で刊行されたものに加筆し、改題したものです）

一〇〇字書評

切り取り線

本書の購買動機（新聞名か雑誌名か、あるいは○をつけてください）

＿＿＿新聞の広告を見て	雑誌の広告を見て	書店で見かけて	知人のすすめで

住所

なまえ

年齢

職業

あなたにお願い

この本をお読みになって、どんな感想をお持ちでしょうか。右の「一〇〇字書評」を私までいただけたらありがたく存じます。今後の企画の参考にさせていただきます。

あなたの「一〇〇字書評」は新聞・雑誌などを通じて紹介させていただくことがあります。そして、その場合は、お礼として、特製図書カードを差しあげます。

右の原稿用紙に書評をお書きのうえ、このページを切りとり、左記へお送りください。電子メールでもけっこうです。

〒101-8701 東京都千代田区神田神保町三―六―五
九段尚学ビル　祥伝社
祥伝社黄金文庫編集長　小川　純
E-mail:ohgon@shodensha.co.jp

祥伝社黄金文庫

祥伝社黄金文庫　創刊のことば

「小さくとも輝く知性」――祥伝社黄金文庫はいつの時代にあっても、きらりと光る個性を主張していきます。

真に人間的な価値とは何か、を求めるノンブックシリーズの子どもとしてスタートした祥伝社文庫・ノンフィクションは、創刊15年を機に、祥伝社黄金文庫として新たな出発をいたします。「豊かで深い知恵と勇気」「大いなる人生の楽しみ」を追究するのが新シリーズの目的です。小さい身なりでも堂々と前進していきます。

黄金文庫をご愛読いただき、ご意見ご希望を編集部までお寄せくださいますよう、お願いいたします。

平成12年（2000年）2月1日　　祥伝社黄金文庫　編集部

カリブの楽園《らくえん》　キューバで恋《こい》する　サルサとラム酒《しゅ》とカーニバル

平成13年4月20日　初版第1刷発行

著　者　樋《ひ》口《ぐち》　聡《あきら》

発行者　渡辺起知夫

発行所　祥《しょう》伝《でん》社《しゃ》
東京都千代田区神田神保町3-6-5
九段尚学ビル　〒101-8701
☎03（3265）2081（販売）
☎03（3265）1084（編集）

印刷所　図書印刷

製本所　図書印刷

万一、落丁・乱丁がありました場合は、お取りかえします。

ISBN4-396-31252-0　C0126

祥伝社のホームページ・http://www.shodensha.co.jp/